JN023774

得意を活かす英単語帳シリーズ Ⅷ

よく知るカタカナ語をベースに
重要動詞を
らくらく覚えるための
英単語読本

楽しく覚えられる重要動詞723語を収録

小林一夫
Kazuo Kobayashi

Parade Books

はじめに（著者の言葉）

　敢えて言うまでもなく、英語には沢山の単語が使われています。その中で実際の英語の解読や英会話で重要なのは何でしょうか。ズバリ言えば、主語と動詞です。この二つが分かればある程度英文の言わんとしていることが分かります。ことに、主語の状態や動作を表す言葉、すなわち動詞の意味が分かれば大意を類推することはかなり容易です。動詞が名詞や形容詞に比べて数が少ないことも学習する上での大きなポイントです。

　YouTubeなどでは会話に不可欠な動詞として600～800語を必須動詞として挙げていますが、最小とされる600の動詞をマスターするのは容易ではありません。ことに英語が苦手とする人にとって大変です。ただ、電話帳を覚えるように丸暗記するのでは、大方は超人的な努力を要するでしょう。

　そこで、本書によって私が推奨しているのは、カタカナ語として広く用いられている言葉を手掛かりとしてこの習得に取り組むことです。

　例えば、日本のスポーツで最も人気のある野球についてみれば、トレード (trade)、ドラフト (draft)、シュート (shoot) などは立派な英語ですし、ドラッグバント (drag bunt)、シンカー (sinker)、ゲッツー (get two)、フォース・アウト (force out)、ドロンゲーム (drawn game)、フィルダース・チョイス (fielder's choice) なども結構な動詞に繋がっています。さらに、やや難解な言葉を見れば、サスペンデッド・ゲーム (suspended game)、オブストラクション (obstruction)、インターフェア (interfere)、ディレード・スチール (delayed steal) などもあります。

　こうした事例を踏まえて、一般的に使われているカタカナ語を一つのヒントとして動詞を再確認し、記憶することを目指すのが本書のコンセプトなのです。

　ただの丸暗記ではありません。関連するカタカナ語により、動詞の「基本的な感じ」を掴むのが、その狙いです。

是非、本書の冒頭にある掲載動詞の一覧にざっと目を通し、どんなカタカナ語に繋がっているのかを類推・確認してみてください。類推できれば、大方、動詞の意味が掴めます。あなたの英語単語力はこれで飛躍的に向上するでしょう。

　あえて言うまでもなく、ここに収録したカタカナ語にはやや専門的なもの、時代に先駆けてこれから普及するものなどを含んでいます。興味を持って、これらに取り組んでいただければ。英単語力はもとより、あなたの常識や興味、ウンチクなども大きく広がるでしょう。

　なお、英語の動詞は、名詞などとして用いられるケースも少なくありません。動詞の意味に加えて、名詞などとしての意味を《　》で付け加えていますのでご留意ください。

参考（YouTube）
『英語の9割がわかるようになる動詞697選』
『この動詞が9割！　英単語648選』

著者　小林一夫

文章凡例　見出し英単語（723語）

記号の説明

★flatter［フラァタ］

> **重要動詞の前の記号（頻度）**
> ※ … 最頻度単語
> ☆ … 多頻度単語
> ★ … 次位多頻度単語
> 無印 … 少頻度単語

♣お世辞を言う・うれしがらせる

> **♣ … 重要動詞の意味**

She was flattered to ruin.

彼女はおだてられて破滅した。

> 例文とその日本語訳

♠フラット（サーブ）、（50秒）フラット、フラット（楽譜）

> **♠ … 英単語を覚えるヒントになるカタカナ語**

♥flatは「平な」、flatterは心を平らにするが原義

> **♥ … 注記など**

索引

001 ★absorb ［アブソーブ］

　♣吸収する

　　A sponge absorbs water.　スポンジは水を吸収する。

　　be absorbed in　〜に夢中になっている

　♠ショック・アブソーバー（自動車などの衝撃吸収装置）

---

002 ★abstract ［アブストラァクト］

　♣抜粋（要約）する

　　He abstracted a passage from her book.

　　　彼は彼女の本から1節を抜粋した。

　♠アブストラクト（抽象芸術、要約）

---

003 ★accelerate ［アクセラレイト］

　♣速度を速める

　　accelerated motion　加速運動

　♠アクセル［アクセラレーター］（自動車など）、（ダブル）アクセル（スケート）

---

004 ★accord ［アコード］

　♣一致する・調和する《一致・調和》

　　accord with one's hope　希望に添う

　♠アコーディオン、「アコード」（ホンダ）

---

005 ※account ［アカウント］

　♣〜と考える《計算》

　　I account myself happy.　自分は幸福者だと思う。

　♠アカウント（計算、ネットの利用資格）

006 ※achieve［アチーヴ］

　♣成し遂げる・達成する

　　achieve one's end　目的を達する

　♠アチーブメント・テスト（学習達成度測定）

---

007 ※act［アクト］

　♣行動する・演技する・（機械などが）働く

　　Think before you act.　行動する前に考えよ。

　♠アクション（映画）、アクター（男優）、アクション（プログラム）

---

008 ★adapt［アダァプト］

　♣適合させる

　　adapt the means to the end　手段を目的に合わせる

　♠アダプター（接合機器）

---

009 ※add［アド］

　♣加える・合計する

　　add sugar to coffee　コーヒーに砂糖を加える

　♠アド・オン方式（元利一括均等払）、アディッショナル・タイム（サッカー
　など）

---

010 ☆adjust［アジャスト］

　♣適合させる・調節する

　　adjust one's spending to one's income
　　　支出を収入に合わせる

　♠アジャスター（調整器具、ズボン）

011 ☆admit［アドミット］

♣入れる・入場（入学、入会）を認める

This hall admits about 800 people.

このホールは約800人を収容できる。

♠AO（アドミッション・オフィス）入試

---

012 ☆advance［アド**ヴァ**ンス］

♣進む、進歩する

The leader told his men to advance.

指揮官は部下に前進せよと命じた。

advance in knowledge　知識が進歩する

♠アドバンテージ（テニス）、アドバンテージルール（サッカーなど）

---

013 ★advertise［**ア**ドヴァタイズ］

♣広告する・宣伝する

They advertised the new car on TV.

彼らはその新車をテレビで宣伝した。

♠アド［アドバータイズメント］バルーン

---

014 ★agitate［**ア**ジテート］

♣興奮させる・不安にする

agitate oneself　いらいらする

♠アジテーション（扇動）、アジビラ、アジテーター

---

015 ☆aid［**エ**イド］

♣助ける・援助する《助け・手伝い》

aid him with money　彼に金を援助する

♠（バンド）エイド

016 ☆alarm [アラーム]

♣驚かせる《警報・驚き》

She was alarmed at the news.

彼女はその知らせにびっくりした。

♠アラーム（目覚まし時計、警報）

---

017 ☆alert [アラート]

♣警戒態勢を取らせる《警戒、油断のない》

The troops were alerted.　兵隊たちは警戒態勢をとっていた。

♠Jアラート（全国瞬時警報システム）

---

018 ※allow [アロー]

♣許す・認める

Smoking is not allowed in the car.　この車は禁煙です。

♠アローワンス（許容範囲）

---

019 ☆alter [オールタ]

♣変える・改める

alter one's course　方針を変える

♠オルタナティブスクール、オルタナティブロック

---

020 ★amplify [アンプリファイ]

♣拡大する・増幅する

amplify weak electric currents　弱い電流を増幅する

♠アンプ [アンプリファー]（増幅器）

021 ★amuse [アミューズ]

♣楽しませる

The jokes didn't amuss us at all.

　その冗談で私達は少しも笑わなかった。

♠アミューズメントパーク、アミューズメントセンター

---

022 ★animate [アニメイト]

♣生かす・活気づける

Songs and dances animated the party.

　歌やダンスがパーティに活気を添えた。

♠アニメ [アニメーション]

---

023 ☆announce [アナウンス]

♣発表する・知らせる

announce the news to the whole nation

　ニュースを全国に発表する

♠アナウンサー

---

024 ☆appeal [アピール]

♣懇願する、訴える

He appealed to me for help.　彼は私に援助を懇願した。

appeal to arms　武力に訴える

♠アピール（審判の判定や相手のプレーに異議を申し立てること）、セックスアピール

`025` ☆apply [アプ**ラ**イ]

♣応用する・適用する

You cannot apply the theory to this case.
その理論をこの場合に応用することはできない。

apply oneself to　〜に専心する

♠アプリ(携帯など)、アップリケ(布地の上に装飾のために貼り付ける飾り。元はフランス語)

`026` ☆appoint [アポイント]

♣任命する・定める

He appointed the place for the meeting.
彼は会合の場所を指定した。

♠アポ [アポイントメント] (約束)

`027` ☆approach [アプ**ロ**ウチ]

♣近づく、とりかかる

approach a city 町に近づく

approach a problem　問題にとりかかる

♠アプローチショット(ゴルフ、テニス)、アプローチ

`028` ☆arrange [ア**レ**インヂ]

♣並べる、調整する、編曲(脚色)する

arrange the meeting　会合のおぜんだてをする

arrange a piece of music for the violin
楽曲をバイオリン曲に編曲する

♠アレンジ(編曲すること)、アレンジャー(編曲者)

029 ☆assemble [アセンブル]

♣集める、(機械を)組み立てる

　assemble a TV set　テレビを組み立てる

♠アセンブリー・ライン(組み立てライン)

　アンサンブル(服装、音楽など、元はフランス語)

030 ★assess [アセス]

♣査定する・評価する

　They assessed it at a million yen.

　　彼らはそれを百万円と評価した。

♠環境アセスメント

031 ☆assist [アスィスト]

♣助ける・人が〜するのを助ける

　She assisted the child to cross the street.

　　彼女はその子供が道を横断するのを助けた。

♠アシスト(サッカー)、アシスタントプロ、アシスタントディレクター

032 ☆attach [アタァッチ]

♣取り付ける

　attach a rope to a dog　犬にロープをとり付ける

♠アタッチメント(機械、器具の付属品)

033 ☆attack [アタァック]

♣攻撃する、(病気などが)人を襲う

　attack the enemy　敵を攻撃する

♠アタック

034 ☆attend［アテンド］

♣世話をする・出席する

attend a patient　病人の世話をする

♠(フライト)アテンダント、「アテンション(プリーズ)」

035 ★attest［アテスト］

♣証明する・証言する

attest a will　遺言状が本物であると証明する

♠アテスト(ゴルフ スコアの確認)

036 ☆attract［アトラァクト］

♣(注意・興味などを)引く・(物理的な力で)引く

attract attention 注意を引く

♠アトラクション(催し物・行事などの呼び物)

037 ☆bake［ベイク］

♣焼く

bake bread in an oven　パンをオーブンで焼く

♠ベーカリー、ベーキング・パウダー

038 ★balk baulk［ボーク］

♣妨害する・くじく《妨害》

balk a person in his plan　人の計画をはばむ

♠ボーク(野球)

039 ☆bang［バァン］

♣激しく打つ・ぶつかる《轟音》

bang a drum　太鼓をドンと打つ

♠「(ビッグ)・バン」(宇宙創造時にあったとされる大爆発)

040 ☆bargain [バァゲン]

♣交渉する・商談する《取引・買い物・特価品》

We bargained with him about the price.
　我々は値段のことで彼と交渉した。

♠バーゲン・セール(和英)

---

041 ★barter [バァータ]

♣物々交換する《物々交換》

barter furs for powder　毛皮を火薬と交換する

♠バーター(取引、貿易)

---

042 ☆bash [バッシ]

♣強く打つ・厳しく非難する

bush a person on the head　人の頭を殴りつける

♠ジャパンバッシング、バッシング

---

043 ☆battle [バァトル]

♣戦う《戦闘》

battle for freedom　自由のために戦う

♠バトルジャケット(戦闘服の型を模したジャケット)、壮絶なバトル、バトルシューズ

---

044 ★beam [ビーム]

♣輝く・(光を)放つ《光線・輝き》

The sun beamed over the hilltop.　太陽は山頂に輝いた。

♠ビーム銃(ゲームなどで用いられる光線銃)

045 ☆bear [ベア] (bore borne, born)

♣支える、耐える、産む

bear the whole wight　全重量を支える

bear the heat　暑さに耐える

I was born in Tokyo in 1965.　私は1965年東京で生まれた。

♠ベアリング (軸受け。機械の回転や振動をする軸を支える装置)

046 ☆beat [ビート] (beat beaten, beat)

♣打つ、打ち負かす

beat a drum　太鼓を打つ

I beat him in golf.　私はゴルフで彼を負かした。

♠ビート (拍、拍子)、ビート板、ビートたけし

047 ※begin [ビギン] (began begun)

♣始める、〜し始める

Well begun is half done.　始めよければ終わりよし《諺》

It is beginning to rain.　雨が降り始めている。

♠ビギナー (初心者)、「ビギン・ザ・ビギン」 (ラテンの名曲)

048 ☆bind [バインド] (bound bound)

♣縛る・結び付ける

be bound to do　必ず〜する、〜する義務がある

♠バインダー (文具)、ビンディング・バインディング (スキー)

049 ☆blaze [ブレイズ]

♣燃え上がる、輝く

The dry wood blazed up at the touch of a match.

かわいた木はマッチ一本で燃え上がった。

Every window was blazing with light.

すべての窓が光で輝いていました。

♠ブレザー（コート）（濃い赤や原色のフラノ地を使い、ゆったりと仕立てられているスポーツ用の上着）、ブレザーは明るく輝くものの意

---

050 ☆blend [ブレンド]

♣混ぜる・混じる

Oil and water will not blend.　油と水は混ざらない。

♠ブレンド（コーヒー）

---

051 ☆block [ブラック]

♣（道路などを）ふさぐ・妨害する《塊・街区・障害物》

The street was blocked with snow.

道路は雪でふさがれていた。

♠ブロック、（コンクリート）ブロック

---

052 ※blow [ブロウ]（blew blown）

♣（風が）吹く・（風に吹かれて）吹き飛ぶ

It was blowing hard outside.　外は風が激しく吹いていた。

♠ブロー（ドライヤーでヘアスタイルを仕上げること）

---

053 ☆boil [ボイル]

♣沸く・煮える

Water boils at 100℃.　水は摂氏100度で沸騰する。

♠ボイラー、ハードボイルド（小説、映画など）

054 ☆bond［バンド］

♣接着する《きづな・束縛・債券・接着剤》

bond the tiles to the floor with cement
　　タイルをセメントで床に接着する

♠ボンド（接着剤）

---

055 ☆boom［ブーム］

♣ぶーんと鳴る、急上昇する《うなり・にわか景気》

Every market is booming.　どの市場も好景気だ。

♠（株式）ブーム

---

056 ☆bound［バウンド］

♣はずむ《はずみ・跳躍》

My heart bounded with joy.　私の心は喜びではずんだ。

♠バウンド、バウンド・パス（バスケットボールなど）、リバウンド

---

057 ☆brace［ブレイス］

♣締め付ける・緊張させる《締め金》

brace oneself　気を引き締める

♠ブレスレット

---

058 ※break［ブレイク］（**broke broken**）

♣破る、中断する

break the world record　世界記録を破る

♠ブレーク・ポイント（相手のサービスゲームを破るポイント）、コーヒー・
ブレイク、ブレーキ

059 ☆breathe［ブリーズ］

♣呼吸する

breathe fresh air　新鮮な空気を吸う

♠ブレス（水泳、息つぎ）、（ノー）ブレッシング泳法

---

060 ☆breed［ブリード］（bred bred）

♣育てる《品種》

I was born and bred in London.

私はロンドンで生まれ育った。

♠ブリーダー（家畜や植物などの交配・育種・生産などを行う人）、（サラ）ブレッド、ハイブリッド車

---

061 ☆brew［ブルー］

♣（ビール等を）醸造する

Beer is brewed from malt.　ビールは麦芽から醸造される。

♠「（ミルウォーキー）ブリューワーズ」（米球団）

♥ミルウォーキーは醸造で有名

---

062 ☆brief［ブリーフ］

♣要約する《短い》

brief a report　報告を要約する

♠ブリーフ（男子・婦人用の短い下ばき）、ブリーフィング（要点説明）

---

063 ☆broadcast［ブロード**キ**ャスト］

♣放送する、ばらまく

broadcast the news at seven　7時にニュースを放送する

broadcast the seed over the land　土地に種をばらまく

♠BS（ブロードキャスティング・サテライト）（衛星放送）

064 ★browse［ブラウズ］

♣ざっと目を通す・拾い読みする

browser through a book　本にざっと目を通す

♠ブラウザー（インターネット）

---

065 ※build［ビルド］（built built）

♣建てる・形成する

He built me a new house.　彼は私に新しい家を建ててくれた。

♠ビル［ビルディング］、ボディビル［（ボディ）ビルディング］

---

066 ☆bump［バンプ］

♣どしんと当たる・ぶつかる《どすんという音・衝突》

They bumped against each other.

彼らはお互いにぶつかった。

♠バンパー（自動車、緩衝装置）

---

067 ※burn［バ～ン］（burnt burnt）

♣燃える・輝く

Paper burns easily.　紙は燃えやすい。

♠バーナー（燃焼器、ストーブなどの火口）

---

068 ☆burst［バ～スト］（burst burst）

♣破裂する

The boiler burst.　ボイラーが破裂した。

♠バースト（タイヤが急激に破裂すること）

069 ※buy [バイ] (bought bought)

♣買う

Money cannot buy happiness. 幸福は金で買えない。

♠バイヤー(仕入商)

---

070 ※call [コール]

♣呼ぶ、電話する、命じる《中止を命じる呼び声・呼び出し》

The game was called off on account of rain.
その試合は雨のため中止になった。

♠コールド(ゲーム)、(カーテン)コール、コール(トランプ)

---

071 ☆campaign [キァンペイン]

♣(政治、選挙などの)運動をする《戦闘・運動》

We campaigned for the fund. 我々は募金運動をした。

♠キャンペーン

---

072 ☆cancel [キャンセル]

♣取り消す・無効にする

cancel an order for a book 本の注文を取り消す

♠キャンセル、(ドタ)キャン

---

073 ※care [ケア]

♣気にかける《心配・注意・世話》

I don't care if it rains. 雨が降ろうとかまいません。

♠ケア(マネージャー)、(イージー)ケア、(ヘア)ケア

074 ※carry [**キャ**リ]

♣運ぶ・持ち歩く《射程》

carry a camera　カメラを持って歩く

♠キャリングボール（バスケットボール）、キャリー（ゴルフ）

075 ☆cast [**キァ**スト]（cast cast）

♣投げる、投げ捨てる、配役を決める

cast a fishing line　釣り糸を投げる

She was cast as Cinderella.

　　彼女はシンデレラの役を振り当てられた。

♠ニュース・キャスター、キャスト（配役、役を投げるが原義）

076 ※catch [**キァ**ッチ]（caught caught）

♣捕える・つかむ・理解する

He caught me by the arm.　彼は私の腕をつかんだ。

♠キャッチャー（野球、捕手）、キャッチ（フレーズ）

077 ☆celebrate [**セ**レブレイト]

♣祝う・賞讃する

celebrate a victory　勝利を祝う

♠セレブ [セレブリティ]

078 ☆challenge [**チァ**レンヂ]

♣挑戦する・挑む《挑戦》

I challenged the champion.　私はチャンピオンに挑戦した。

♠チャレンジ（挑戦）、チャレンジャー（挑戦者）

079 ※change [**チェインヂ**]

♣変える・替える《変化・交替・釣銭》

Heat changes water into steam.　熱は水を水蒸気に変える。

♠チェンジ（野球）、チェンジ・コート（テニスなど）

---

080 ☆charge [**チャージ**]

♣請求する、突進する、充電する

charge high for a service　サービスに高い料金を請求する

A dog suddenly charged at me.

　犬が突然私に飛びかかってきた。

charge a battery　電池に充電する

♠チャージング（体を接触させ、相手を押しのけること）、テーブル・チャージ（席料）、チャージドタイムアウト（請求によりとることができるタイムアウト）

---

081 ☆charm [**チャーム**]

♣うっとりさせる・魅する《魅力》

The gusts were charmed by her smile.

　客は彼女の笑顔にうっとりとした。

♠チャーム・ポイント、チャーミング

---

082 ☆chart [**チャート**]

♣図表を作る・計画する《図・海図》

chart a course of action　行動計画を立てる

♠（ヒット）チャート

083 ★charter [チャータ]

♣借り切る・許可する《憲章・特許・チャーター便》

charter a bus　バスを借り切る

♠チャーター便

---

084 ☆chat [チャット]

♣おしゃべりする・談笑する《雑談》

chat with a friend　友人とおしゃべりする

♠チャット（携帯、パソコンなど）

---

085 ☆cheer [チア]

♣かっさいする・励ます《かっさい・励まし》

The letter cheered(up)him.　その手紙は彼を元気づけた。

♠チア・ガール、チア・ホーン

---

086 ☆chew [チュー]

♣かむ・かみしめる

chew one's food well　食物をよくかむ

♠チューイング・ガム

---

087 ☆chill [チル]

♣冷やす《冷たさ・寒気》

chill the win　ワインを冷やす

♠チルド食品

---

088 ☆choke [チョーク]

♣窒息する・息が詰まる

He is choked on his food.　彼は食べ物でのどがつかえた。

♠チョーカー（首にぴったり巻く首飾り）、チョーク（自動車の空気絞り弁）

089 ※choose [チューズ] (chose chosen)

♣選ぶ

We chose him as our leader.　私達は彼を指導者に選んだ。

♠ (フィルダース)チョイス(野球　野手選択)、マルチョイ [マルティプル チョイス] (多岐選択法)

---

090 ☆chop [チョップ]

♣たたき切る《ぶった切り》

He was chopping at a tree.　彼は木をたたき切っていた。

♠ (空手)チョップ、(ポーク)チョップ

---

091 ☆circulate [サ〜キュレイト]

♣循環する

Blood circulates in our body.　血液は体内を循環する。

♠ サークル、サーキット

---

092 ☆claim [クレイム]

♣要求する、主張する《要求・請求・主張》

claim payment　支払いを請求する

♠ クレーム(苦情)

---

093 ☆classify [クラァスィファイ]

♣分類する

classify flowers according to colors
　花を色によって分類する

♠ クラス

094 ☆cleanse [クレンズ]

♣洗い清める

cleanse the mind of vice　心から邪心を払う

♠クレンジング・クリーム、クレンザー

095 ※clear [クリア]

♣きれいにする・片づける《晴れた・明白な》

clear the dishes from the table
テーブルから食器を片づける

♠クリヤー（サッカー）、クリアランス（セール）

096 ☆click [クリック]

♣カチッといわせる《カチッと言う音・掛け金》

click on the radio　ラジオのスイッチをカチリと入れる

♠クリック（パソコン操作）

097 ※climb [クライム]

♣登る・上がる《よじ登ること》

climb over a wall　塀を乗り越える

♠（ロック）クライミング（岩登り）

098 ☆clinch [クリンチ]

♣先端を曲げる、固着させる

clinch a bargain　取引を成立させる

♠クリンチ（ボクシング）

099 ☆clip [クリップ]

♣ 切る、切り抜く

clip a sheep　羊の毛を刈る

♠ (ビデオ)クリップ

---

100 ※close [クロウズ]

♣ 閉じる・終わる(終わり)

The speech is closed.　話は終わった。

♠ クロザー(野球　試合をしめくくる投手)、クローズド・スタンス(野球・
ゴルフなど)、クローズ(閉店)

---

101 ★clothe [クロウズ]

♣ 衣服を着せる

He was clothed in white.　彼は白い服を着ていた。

♠ (テーブル)クロス

---

102 ☆clutch [クラッチ]

♣ しっかりとつかむ

clutch one's baby in one's arms
　赤ん坊をしっかりと抱きしめる

♠ クラッチ(自動車)、クラッチバック(つりひもがなく、かかえて持つバッ
ク)

---

103 ☆coach [コウチ]

♣ 指導する(馬車・家庭教師・コーチ)

I coach him in tennis.　私は彼にテニスを指導する。

♠ コーチ、コーチャー

104 ★collaborate［コラボレイト］

♣共に働く・協力する

collaborate in writing a play　劇を合作する

♠コラボレーション（共同制作）

---

105 ※collect［コレクト］

♣集める・収集する、集金する・徴収する

collect stamps　切手を収集する

collect a fee　料金を徴収する

♠コレクション（収集品）、コレクション（デザイナーの作品発表会）

---

106 ★combat［カンバァット］

♣戦う《格闘》

combat with（against）the winds and waves　波風と戦う

♠コンバット（シューズ）、「コンバット」（米テレビドラマ）

---

107 ☆combine［コンバイン］

♣結合させる、化合させる

combine two companies　二つの会社を合併する

Hydrogen and oxygen are combined into water.
　水素と酸素は化合して水になる。

♠コンビ・コンビネーション、コンビネーション（上と下がつながっている
衣服）、コンビネーションサラダ、コンバイン（農機具）

---

108 ☆comfort［カンファト］

♣慰める《慰め・安楽》

comfort a person who is in sorrow
　悲しんでいる人を慰める

♠コンフォート（シューズ）

109 ☆command [コマンド]

♣命令する、指揮する《命令・指揮》

command a ship　船を指揮する

♠コマンド（パソコン）

---

110 ☆comment [カメント]

♣論評する・解説する《論評・注釈》

comment favorably on his work
　　彼の作品を好意的に論評する

♠コメンテイター（ニュースなどの解説者）、コメント

---

111 ☆commit [コミット]

♣委託する・任せる

I commit my son to your care.
　　息子の世話をあなたにお任せする。

♠コミッショナー（野球、拳闘など）、コミッション（セールス）

---

112 ☆communicate [コミュニケイト]

♣伝える

communicate wishes to others　希望を他人に伝える

♠コミュニケーション、マスコミ［マスコミュニケーション］

---

113 ☆compete [コンピート]

♣競争する・匹敵する

compete with a person for a prize　人と賞を争う

♠コンペ［コンペティション］（競技会・試合）

114 ※complete［コンプリート］

♣仕上げる

complete a task　仕事を仕上げる

♠オート・コンプリート（パソコン機能の一つ）、パスコンプリート（アメフト パスの成功）

---

115 ☆comply［コンプライ］

♣従う・応じる

comply with a rule　規則に従う

♠コンプライアンス（法令遵守）

---

116 ☆compose［コンポウズ］

♣構成する

compose a sonata　ソナタを作曲する

♠コンポ［コンポーネント・ステレオ］（アンプ、プレーヤー、スピーカーなどの機器を別々に選択して組み合わせたステレオ再生装置）

---

117 ★compress［コンプレス］

♣圧縮する

compressed air　圧搾空気

♠コンプレッサー（圧搾機）

---

118 ★compute［コンピュート］

♣計算する

compute the distance of the sun from the earth
　　太陽までの距離を計算する

♠コンピューター

119 ☆conceive［コン**スィーブ**］

♣考える・考えつく

conceive it (to be) true　それを本当だと思う

♠コンセプト（概念）

120 ☆concentrate［カン**セ**ントレイト］

♣集中する

concentrate the rays of the sun with a lens
　　レンズで太陽の光線を1点に集める

♠コンセントレーション（集中・集中力）

121 ☆concert［カン**サ**～ト］

♣協調する《音楽会・一致・協力》

take concerted action　一致した行動をとる

♠コンサート

122 ★condense［コン**デ**ンス］

♣凝縮（濃縮）する

condense orange juice　オレンジジュースを濃縮する

♠コンデンサー（蓄電器）、コンデンス・ミルク

123 ☆conduct［カン**ダ**クト］

♣案内する・導く・指揮する《行動・指揮》

conduct a guest to a seat　客を席に案内する

♠コンダクター（指揮者）、ツアー・コンダクター

124 ★confer［コンファ～］

♣協議する

He conferred with the lawyer about a matter.
　彼は問題について弁護士と相談した。

♠カンファレンス（会議、協議会）

---

125 ★confide［カァンファイドゥ］

♣（秘密などを）打ち明ける

confide one's secret to one's friend
　友人に自分の秘密を打ち明ける

♠コンフィデンシャル（秘密の）、「(L.A.)コンフィデンシャル」（米映画）

---

126 ☆connect［コネクト］

♣つなぐ・接続する

connect two sentences　二つの文をつなぐ

♠コネ［コネクション］、コネクター

---

127 ☆consent［カンセント］

♣同意する（同意）

I cannot consent your proposal.
　私はあなたの提案に同意できない。

♠インフォームド・コンセント（医療 説明を受け納得した上での同意）

---

128 ★conserve［コンサ～ヴ］

♣保存する・保護する

conserve one's health　自己の健康を維持する

♠コンサバ［コンサバティブ］（ファッション 保守的な装い）、ネオ・コン［ネオコンサバティブ］（米国政治指向の一つの潮流）

129 ☆console [コンソウル]

♣慰める

Nothing can console him.

何物も彼の心を慰めることはできない。

♠コンソレーションマッチ (テニスなど、敗者復活戦、敗者慰安試合)

---

130 ☆construct [コンストラクト]

♣組み立てる・構成する

construct a building　ビルを建てる

♠コンストラクターズ・ポイント (自動車レースにおける製造者ポイント)

---

131 ★consult [コンサルト]

♣相談する

Did you consult your father?　父親に相談したか。

♠コンサルタント

---

132 ★consume [コンシューム]

♣消費する

This car consume a lot of gasoline.

この車はガソリンを多量に消費する。

♠コンシューマー (消費者)、コンシューマーグッツ (消費財)

---

133 ☆contact [カンタァクト]

♣接触する・連絡をとる《接触・連絡》

Try to contact him this evening.

今晩彼と連絡をとってごらん。

♠コンタクト (ラグビーなど)、コンタクト (レンズ)

134 ☆contain [コンテイン]

♣含む・収容する

The bottle contains one liter of water.

そのびんには1リットルの水が入っている。

♠コンテナー、コンテンツ(中身)

---

135 ☆contend [コンテンド]

♣競う・争う

contend with a rival for a prize　競争者と賞を争う

♠コンテンダー(ボクシングなどの挑戦者)

---

136 ☆contest [カンテスト]

♣競う、論争する・抗争する

contest a prize　賞を争う

♠コンテスト(お祭り的要素を含んだ競技会)

---

137 ※continue [コンティニュー]

♣続ける、続く、〜のままでいる

The storm continued for three days.

あらしは3日間続いた。

to be continued　続く

♠コンテ [コンティニュイティ] (撮影台本)、絵コンテ

---

138 ☆contract [カントラァクト]

♣契約する・請け負う《契約・請負》

He contracted to build a bridge.

彼は橋をかけることを契約した。

♠コントラクト・ブリッジ(トランプゲームの1種)、ゼネコン [ゼネラル・コントラクター] (総合請負業者)

139 ☆convert [コン**ヴァ**〜ト]

♣変える、(ラグビー)トライをゴールする

convert goods into money　品物を金に替える

♠コンバート(野球、守備位置の変更)、コンバート(ラグビー)、コンバーチブル(幾通りにも変えて着られる衣服)、コンバーチブル・カー(自動車)

---

140 ☆convey [コン**ヴェ**イ]

♣運ぶ・伝える

convey a passengers on a ferryboat　連絡船で乗客を運ぶ

♠(ベルト)コンベア

---

141 ☆cooperate [コー**ポ**レイト]

♣協力する・協同する

cooperate with a person for　〜のために人と協力する

♠コープ(生活協同組合)、コーポ(アパート・マンションなど)

---

142 ☆coordinate [コウ**オー**ディネイト]

♣同等にする、調整する

coordinate the activities　活動を調整する

♠コーディネイト(服装や装飾品を組み合わせて調和を取ること)

---

143 ※correct [コ**レ**クト]

♣訂正する・直す

Correct mistakes, if any.　誤りがあれば訂正しなさい。

♠コレクション(テニス　判定などの訂正のコール)

144 ※cost［コスト］(cost cost)

♣かかる・出費させる《代価・費用》

This shoes cost fifty dollars.　この靴は50ドルした。

♠コスト、コストダウン

145 ☆counsel［カウンセル］

♣忠告する・助言する《忠告・助言》

He counseled me to work harder.

彼は私にもっと勉強するよう忠告した。

♠カウンセラー、カウンセリング

146 ※count［カウント］

♣数える・〜と思う《計算・勘定》

Don't count your chickens before they are hatched.

取らぬたぬきの皮算用《諺》

♠ボール・カウント、セット・カウント、カウンター（勘定台）

147 ☆crack［クラァック］

♣ひびが入る・割れる《割れ目・ひび》

The ice cracked.　氷が割れた。

♠クラッカー（ビスケットの一種）、クラック（建物などのひび割れ）

148 ☆craft［クラァフト］

♣手作りする・精巧に作る《技術・技能・工芸》

a hand-crafted chair　手作りのいす

♠ホビー・クラフト（趣味の工芸）、レザー・クラフト、クラフトビール

149 ☆crash [クラァッシュ]

♣衝突する・砕ける《衝突・墜落》

A dump truck crashed into our train.

　ダンプカーが我々の列車に衝突した。

♠クラッシュ（自動車レースの衝突）

---

150 ☆crawl [クロール]

♣はう・ゆっくり進む《はうこと・徐行》

The snake crawls.　蛇は這う。

♠クロール（水泳）

---

151 ☆create [クリエイト]

♣創造（創作）する・生む

God created the world.　神が世界を創造した。

♠クリエイティブ、クリエイター、(レ)クリエイション

---

152 ☆credit [クレジット]

♣信じる《信用》

I cannot credit the news.　私はその知らせを信じられない。

♠クレジット（カード）

---

153 ☆crouch [クラウチ]

♣うずくまる・低く構える《うずくまること》

The cat crouched down ready to jump.

　その猫はとびかかろうとして低く身構えた。

♠クラウチング・スタート（陸上競技）、クラウチング・スタイル（拳闘）

154 ※cry [クライ]

♣叫ぶ・泣く

"Help!"she cried. 「助けて!」と彼女は叫んだ。

♠(ウォー)クライ(試合の前などにあげる鬨の声)

155 ☆cultivate [カァルタァヴェイトゥ]

♣耕す・栽培する

cultivate a farm　農園を耕す

♠カルチャー(センター)、カルチャー

156 ☆cure [キュア]

♣治す《治療・医療》

He was cured of fever.　彼の熱病は治った。

♠マニ・キュア、ペディ・キュア

157 ★customize [カスタマイズ]

♣〜を注文で作る

customize a car　車をカスタマイズする

♠カストマー(顧客)

158 ☆damage [ダァメッヂ]

♣損害を与える・傷付ける《損害・被害》

The package was badly damaged.

　その荷物はひどくいたんでいた。

♠ダメージ(拳闘など)

159 ☆deal [ディール]

♣分配する

deal in ～を商う、deal with ～を扱う

♠ディラー(トランプの親、販売業者)、ニュー・ディール政策(米、新規まき
直し政策)

160 ☆debate [ディベイト]

♣討論(議)する《討議》

We debated the problem.　我々はその問題を討議した。

♠ディベイト(討論)

161 ※decide [ディサイド]

♣決定する・決心する

decide to start　出発することに決める

♠ホームタウン・デシジョン(地元に有利な判定)、デシジョンメーキング
(意思決定)

162 ☆decorate [デェカァレェイトゥ]

♣飾る

decorate a room with flowers　部屋を花で飾る

♠デコレーション(ケーキ)

163 ☆defend [ディフェンド]

♣防ぐ、防御する

defend the castle　城を守る

♠ディフェンス(防御)、ディフェンダー(サッカーなど)

164 ★deflate［デフレート］

♣(空気・ガスなどを)抜く・(通貨などを)収縮させる

deflate a tire　タイヤの空気を抜く

♠デフレ［デフレーション］

---

165 ★deform［ディフォーム］

♣変形させる・形を崩す

a face deformed by hatred　憎しみでゆがんだ顔

♠デフォルメ(絵画など、変形)

---

166 ☆delay［ディレイ］

♣遅らせる・延期する

The heavy snow delayed the train.　大雪で列車が遅れた。

♠ディレード・スチール(野球 タイミングを遅らせた盗塁)

---

167 ☆delegate［デリゲイト］

♣(代表として)派遣する《代表》

delegate him to a conference
　　　彼を代表として会議に派遣する

♠デレゲーション(派遣選手団)

---

168 ★delete［デリート］

♣削除する

Please delete the email.　Eメールを削除してください。

♠デリート(削除、パソコン操作)

169 ☆deliver [デリバー]

♣配達する・伝える

　deliver newspapers　新聞を配る

♠デリバリー（配達）、デリバリー・バン

170 ☆demand [ディマンド]

♣要求する《要求・請求》

　demand payment　支払いを要求する

♠ディマンド（バス）、（オン）デマンド

171 ☆depart [ディパート]

♣離れる、出発する

　The train departs at 8:30 a.m.

　　この列車は午前8時30分に出発する。

♠デパートメント・ストア、アパートメント

♥アパートの原義は「部分」

172 ★deposit [ディパズィット]

♣置く・預ける

　deposit money in a bank　銀行に預金する

♠デポジット（預り金）

173 ☆design [ディザイン]

♣計画する・設計する《計画・意匠》

　She designs to be a nurse.

　　彼女は看護婦になるつもりである。

♠デザイン、デザイナー

174 ☆designate [デジグネイト]

♣指名する、指示する

We have designated him as chairman.

我々は彼を議長に指名した。

♠デジグネイテッド・ヒッター（野球 指名代打者・DH）

---

175 ☆detail [ディテイル]

♣くわしく述べる・詳述する《細部・詳細》

Detail the story to me.　その話を詳しくして下さい。

♠ディテール（詳細）

---

176 ※develop [ディベロップ]

♣発達させる・開発する

develop a mine　鉱山を開発する

♠ディベロッパー（大規模土地開発業者）

---

177 ☆dictate [ディクテイト]

♣書き取らせる・口述する

dictate a letter to a secrtary　秘書に手紙を口述する

♠ディクテーション（書き取り）

---

178 ※die [ダイ]

♣死ぬ・枯れる

die of illness　病気で死ぬ

♠ダイイング・メッセージ、サドン・デス（サッカーなど）、デッド（ヒート）

179 ☆differ [ディファ]

♣異なる

Tastes differ.　好みは人によって異なる。

♠デフ [デファレンシャル・ギヤ] (自動車の差動装置)

---

180 ★diffuse [ディフューズ]

♣普及する・散らす

His fame is diffused through the city.

　　彼の名声は市中に行き渡っている。

♠DI [ディフュージョン・インデックス] (景気動向指数)、ディフュージョン・ライン (デザイナーブランドの普及版としてできた商品ライン)

---

181 ☆dig [ディッグ] (dug dug)

♣(穴などを)掘る・掘り出す

dig potatoes　じゃがいもを掘り出す

♠ダッグ・アウト (野球)

---

182 ☆digest [ダイヂェスト]

♣消化する・要約する《要約》

Food is digested in the stomach.

　　食物は胃の中で消化される。

♠ダイヂェスト版、「大相撲ダイヂェスト」、「リーダース・ダイジェスト」(米国の雑誌)

---

183 ☆dine [ダイニン]

♣晩餐をとる・食事をする

Let's dine together.　一緒に食事をしよう。

♠ダイニング(ルーム)、ディナー

184 ☆direct [ディレクト]

♣命令する、指揮する

He direct her to keep the secret.
彼は彼女に秘密を守るようにと命じた。

♠ディレクター（映画監督）

---

185 ☆disclose [ディスクロウズ]

♣(秘密などを)あばく・発表する

disclose one's plan　計画を明らかにする

♠ディスクロージャー（情報公開）

---

186 ☆discount [ディスカウント]

♣割り引く《割引・割引率》

discount 10% for cash　現金払いで10%の割り引きをする

♠ディスカウント・セール、ディスカウント・ショップ

---

187 ※discover [ディスカヴァ]

♣発見する・気がつく

The Curies discovered radium.
キュリー夫妻がラジウムを発見した。

♠「ディスカバー・ジャパン」(CM)、「ディスカバリー」(米スペースシャトル)

---

188 ☆discuss [ディスカス]

♣討論する・論じる

I discussed the problem with him.
私はその問題を彼と論じあった。

♠ディスカッション（討論）

189 ★dispense [ディスペンス]

♣分配する

dispense food and clothing　食料と衣類を分配する

♠キャッシュ・ディスペンサー(現金自動支払機)

190 ☆display [ディスプレー]

♣展示する(展示)

display goods　商品を展示する

♠ディスプレー

191 ☆dive [ダイヴ]

♣飛び込む・もぐる・急降下する(飛び込み・潜水)

dive into a river　川に飛び込む

♠ダイビング、ダイバー

192 ☆divide [ディヴァイド]

♣分ける・分配する

divide a cake into six pieces　ケーキを六つに分ける

♠ディバイデット・スカート(二つに分かれた半ズボン式のスカート)、ディビジョン(部門)、デジタル・ディバイド(デジタル差別)

193 ※do [ドゥ] (did done)

♣〜をする・行う

do one's best　最善を尽くす

♠ドゥ・イット・ユア・セルフ(DIY)、ドンマイ[ドント・マインド]、ウエル・ダン(肉の焼き具合)

194 ☆dodge［ダッヂ］
- ♣ひらりと身をかわす、（困難・難問などを）巧みにかわす
  He dodged a ball.　彼はボールをひらりとよけた。
  She dodged questions.　彼女は質問を巧みに言い抜けた。
- ♠ドッチ・ボール（2組に分れてボールをあてっこするゲーム。正しくは
  ドッヂ・ボール）、ロサンゼルス・ドジャーズ（米大リーグ球団ペテン師）

195 ★domesticate［ドメスティケイト］
- ♣飼い慣らす・家庭的にする
  domesticate zebras　シマウマを飼い慣らす
- ♠DV（ドメスティック・バイオレンス、家庭内暴力）

196 ☆dominate［ダミネイト］
- ♣支配する・統治する
  dominate the market　市場を支配する
- ♠事業ドメイン（領域）

197 ☆donate［ドゥネイト］
- ♣寄贈する
  donate blood　献血する
- ♠ドナー（臓器移植、献血などにおける提供者）

198 ★dope［ドウプ］
- ♣麻薬を飲ませる・興奮剤を飲ませる《興奮剤》
  dope oneself with cocaine　コカインを飲用する
- ♠ドーピング

199 ※doubt [ダウト]

♣疑う

I doubt his honesty.　私は彼の正直さを疑う。

♠ダウト(トランプゲームの一種)

---

200 ☆draft [ドラフト]

♣選抜する

He was drafted into the army.　彼は軍隊に招集された。

♠ドラフト制度(プロ野球の新人選抜制度)

---

201 ☆drag [ドラッグ]

♣引く、引きずる

Drag one's feet　足を引きずって歩く。

♠ドラッグ・バント(野球)

---

202 ※draw [ドゥロー](drew driven)

♣引く・引き抜く、(図や線を)引く、引き分ける

draw a line　直線を引く

♠ドロー(引き分け)、ドロン・ゲーム、ズロース(ドロワース)

---

203 ★dribble [ドゥリブル]

♣(ぽたぽた)垂れる

This tap dribbles.　この蛇口は水が垂れる。

♠ドリブル(バスケットボール、サッカーなど)

204 ☆drill [ドリル]

　♣突き刺す、繰り返し教え込む《きり・訓練》

　　drill a hole in the board　板に穴をあける

　　drill a troops　練兵する

　♠ドリル、ドリブル（サッカー、バスケットボールなど）

205 ※drink [ドリンク] (**drank drunk**)

　♣飲む・酒を飲む《飲み物》

　　drink a glass of milk　牛乳を一杯飲む

　♠ソフト・ドリンク、ドリンク・バー

206 ☆drip [ドゥリップ]

　♣(液体が)したたる《したたり》

　　a dripping face　汗の流れている顔

　♠ドリップ（コーヒー）

207 ※drive [ドゥライヴ] (**drove driven**)

　♣運転する、追いたてる《ドライブ・自動車旅行》

　　drive a car　車を運転する

　♠ドライバー、ドライブ

208 ☆duck [ダック]

　♣ひょいと水にもぐる・頭を下げる《アヒル》

　　duck one's head　ひょいと頭を下げる

　♠ダッキング（ボクシング）、「ダーク・ダックス」（コーラスグループ）、「（北京）ダック」（料理の一種）

209 ☆dump [ダンプ]

♣捨てる、投げ売りする

The truck dumped the sand on the sidewalk.
　トラックが砂を歩道にざあっとあけた。

♠ダンプカー、ダンピング (不当廉売)

---

210 ★duplicate [デュプリケイト]

♣複写する《複製物・副本・写し》

duplicate a manuscript　副本をつくる

♠デュープ

---

211 ☆dye [ダイ]

♣染める《染料・染色》

The sunset dyed the evening sky red.
　日没が夕方の空を赤く染めた。

♠ヘア・ダイ (染髪剤)

---

212 ☆earn [ア〜ン]

♣かせぐ・もたらす

He earned money by washing dishes.
　彼は皿洗いでお金を稼いだ。

♠アーンド・ラン (野球 投手の自責点)

---

213 ※eat [イート] (ate eaten)

♣食べる

What did you eat for lunch?　昼食に何を食べましたか。

♠「ゴー・トウ・イート」、「ウーバー・イーツ」(米国宅配業者)

214 ☆edit［エディット］

♣編集する

The dictionary was edited by Prof. Smith

その辞書はスミス教授によって編集された。

♠エディター

---

215 ※effect［イフェクト］

♣(結果を)もたらす《結果・効果》

effect a change　変化をもたらす

♠エフェクター(音楽)、サウンド・エフェクト(音響効果)

---

216 ☆elevate［エレヴェイト］

♣上げる・高める

elevate one's voice　声を張り上げる

♠エレベイター

---

217 ★emit［エミット］

♣発する・出す

A volcano emits smoke and ashes.

火山は煙と灰を吹き出す。

♠「ゼロ・エミッション」(温暖化ガスの排出ゼロ)

---

218 ★enclose［エンクロウズ］

♣囲む・同封する

A check for $10 is enclosed.　10ドルの小切手を同封します。

♠「エンクロージャー・ムーブメント」(英国の囲い込み運動)

219 ☆engage [エンゲイヂ]

♣約束する、婚約させる

I will engage to finish it by tomorrow.
　それを明日までに仕上げると約束しよう。

John is engaged to Anne.　ジョンはアンと婚約している。

♠エンゲージ・リング [エンゲージメント・リング]

220 ★enrich [エンリッチ]

♣豊かにする

enrich oneself　金持ちになる

♠エンリッチ食品（ビタミン、カルシウムなどを添加して食品の栄養価を強化した食品）

221 ※enter [エンター]

♣入る・参加する・登録する

enter a club　クラブに入会する

♠エントリー（競技への参加申込）、エンター（パソコン操作）、エントランス（玄関）

222 ☆entertain [エンタテイン]

♣楽しませる、もてなす

entertain guests with music　音楽で客をもてなす

♠エンタメ [エンターテイメント]、エンターテナー

223 ☆entitle [エンタイトル]

♣称号（資格）を与える

You are entitled to try once more.
　君はもう一度試してみる権利がある。

♠エンタイトル（ツー・ベース）（野球）

224 ★equate［イク**ウェ**イト］

♣等しくする・等しいと見なす

He equate wealth with happiness.
　　彼は富を幸福と同じものと考えている。

♠イコール

---

225 ★err［**ア**〜］

♣誤る

To err is human, to forgive divine.
　　過ちは人の常、許すは神の業。

♠エラー（失策）

---

226 ☆escalate［エスカ**レ**ート］

♣拡大させる・エスカレートさせる

escalate a war　戦争を拡大する

♠エスカレーター

---

227 ☆escape［エス**ケ**イプ］

♣逃げる、脱する

escape from prison　脱獄する

♠エスケープ（脱走・逃走）、エスケープ（パソコン処理操作の1つ）

---

228 ※establish［イス**タァ**ブリッシュ］

♣設立する・確立する

establish a school　学校を設立する

♠エスタブリッシュメント（特権階級）

229 ※excite [エクサイト]

♣興奮させる・刺激する

Don't excite yourself.　落ち着きなさい。

♠エキサイティング、エキサイト

---

230 ☆exclaim [イクスクレィム]

♣叫ぶ・大声で言う

He exclaimed at the beautiful view.
　　彼は美しい光景を見て叫んだ。

♠エクスクラメーション・マーク(感嘆符、!)

---

231 ☆excuse [イクスキューズ]

♣許す

excuse a fault　過失を許す

♠エクスキューズ(弁解・言い訳)

---

232 ☆exercise [エクササイズ]

♣訓練する

exercise a person in swimming　人に水泳の練習をさせる

♠エキサスサイズ(訓練)

---

233 ☆exhaust [エグゾースト]

♣(体力などを)消耗させる、(資源などを)使いつくす

She is quite exhausted with the trip.
　　彼女は旅行ですっかり疲れている。

He exhausted his salary.　彼は給料を使い果たした。

♠エギゾースト・バルブ(自動車 排気弁)

234 ☆exhibit [エグ**ズィ**ビット]

♣示す、公開する・展示する

He exhibited anger.　彼は怒りを表した。

This film was first exhibited last year.
　この映画は昨年初めて公開された。

♠エキシビション・マッチ（公開模範試合）

235 ☆expand [エクス**パァ**ンド]

♣広げる、伸張する

expand the sails　帆を広げる

expand business　事業を拡張する

♠エキスパンダー（トレーニング用具の1つ）

236 ☆expose [エクス**ポウ**ズ]

♣さらす・陳列する

expose anything to the sun　日光にさらす

♠エキスポ［エキスポジション］（博覧会）、「モントリオール・エキスポズ」
（米球団）

237 ☆express [エキス**プレ**ス]

♣表現する、至急便で送る（急行列車）

express joy　喜びを表わす

♠成田エキスプレス、エキスプレッション（表現）

238 ★fade [**フェイ**ド]

♣（色、音、記憶などが）あせる・（勢いが）衰える

The color faded away.　色がすぐにあせた。

♠フェード・アウト（映像表現の一つ）、フェード・ボール（ゴルフ）

239 ※fail［フェィル］

♣失敗する

　fail in business　事業に失敗する

♠フェイル・セーフ（安全性を重視した設計思想）

---

240 ★fake［フェイク］

♣偽造する・でっち上げる《偽物》

　He faked an answer.　彼は嘘の答えをした。

♠フェイク（偽物、服飾など）

---

241 ※fall［フォール］（fell fallen）

♣落ちる・倒れる《落ちること・倒れること・降雨・滝》

　The leaves fall in autumn.　秋には葉が落ちる。

♠フォール（レスリング　抑え込み）、フォーリング・ダウン（ラグビー　スクラムが潰れること）

---

242 ☆fasten［ファスン］

♣締める・留める

　Fasten your seat belts, please.

　　（旅客機で）座席ベルトを締めて下さい。

♠ファスナー（衣服などの合わせ目をしめる具）

---

243 ☆feature［フィーチャー］

♣特色をなす

　Rocky hills feature the landscape.

　　岩山がその風景の特徴だ。

♠フィーチャー（バンドなどの演奏に特別なゲストを迎え、演奏に特徴を出すこと）

244 ☆feed [フィード] (fed fed)

♣食物を与える、養う、(原料などを)供給する

feed the chicken　ニワトリにえさをやる

feed the engine with water　エンジンに給水する

♠フィード・パス(サッカー)、フィダー(給電線)、フィード・バック

245 ※feel [フィール] (felt felt)

♣感じる

feel anger toward a person　人に怒りを感じる

♠フィーリング(感じ)

246 ※fight [ファイト] (fought fought)

♣戦う・争う《戦い・勝負・闘志》

fight with an enemy　敵と戦う

♠ファイティング・スピリット、ファイト・マネー(ボクシングなど)

247 ☆figure [フィギュア]

♣心に描く・計算する《図型・姿・数字》

He figured himself (to be) a hero.

　彼は自分を英雄だと思った。

♠フィギュア・スケート、フィギュアー(人や動物、アニメのキャラクター
などをかたどった人形)

248 ☆file [ファイル]

♣(書類などを)綴じ込んで整理する《書類ばさみ》

She filed the cards in alphabetical order.

　彼女はカードをアルファベット順に整理した。

♠ファイル(文具)、ファイリング

249 ☆**filter** [フィルター]

♣濾過する《濾過器・フィルター》

filter water through sand　砂で水をこす

♠フィルター（タバコなど）

---

250 ※**find** [ファインド]（**found found**）

♣見付ける・分かる

find a mistake　誤りを発見する

♠ファインダー（カメラ）

---

251 ※**finish** [フィニッシュ]

♣終える《終了・完成》

finish reading a book　本を読み終える

♠フィニッシュ（陸上競技など）、ファイナル・ゲーム（決勝戦）、フィナーレ

---

252 ※**fire** [ファイヤー]

♣火をつける、燃やす《火、火事》

He fired the house.　彼はその家に火をつけた。

♠キャンプファイヤー

---

253 ※**fit** [フィット]（**fit fit**）

♣合致させる・適合する

The dress fits you perfectly.

　　そのドレスはあなたにぴったり合います。

♠フィッティング・ルーム（試着室）、フィットネス・クラブ

254 ☆fix [フィックス]

♣固定する・決める

fix the date　期日を決める

♠フィクサー（調停屋・まとめ役）

---

255 ☆flap [フラップ]

♣ひらひらする・はためく

Curtains flapped in the wind.　カーテンが風にひらめいた。

♠フラップ（飛行機の下げ翼）

---

256 ☆flare [フレアー]

♣ゆらめく・燃え上がる《ゆらめく炎》

His anger flared up.　彼は急にかっとなった。

♠フレアー・スカート

---

257 ☆flash [フラァッシュ]

♣ぱっと光る・ひらめく《せん光・ひらめき・ニュース速報》

The answer flashed in my mind.　答がぱっとひらめいた。

♠フラッシュ（カメラ）、（ニュース）フラッシュ

---

258 ★flatter [フラァタ]

♣お世辞を言う・うれしがらせる

She was flattered to ruin.　彼女はおだてられて破滅した。

♠フラット・サーブ（テニス）、（50秒）フラット、フラット（楽譜の記号）

♥flatは「平な」、flatterは心を平らにするが原義

259 ☆float［フ**ロ**ウト］

♣浮かぶ・漂う

Wood floats on water.　木は水に浮かぶ。

♠コーヒー・フロート、フローター・サービス（バレーボール）

---

260 ☆flow［フ**ロ**ウ］

♣流れる・循環する《流れ》

Blood flows through our body.　血液は体内を流れる。

♠マネー・フロー（資金循環）、オーバー・フロー（水などがあふれること）、
フロー・チャート（流れ図）

---

261 ☆fold［**フォ**ルド］

♣折りたたむ・重ねる

fold one's arms　腕を組む

Fold the paper in half.　その紙を半分に折りなさい。

♠フォルダー（文具）

---

262 ※follow［**ファ**ロウ］

♣〜に続く・ついて行く

The dog followed me to my house.
　その犬は私の家までついてきた。

♠フォロー（サッカーなど）、フォロー・スルー（ゴルフなどの球技、振り抜
き）

263 ☆force［フォース］

♣強制する、無理に〜する

Hunger forced him to steal.

飢えが彼にやむなく盗みをさせた。

force the window open　無理に窓を開ける

♠フォースアウト（野球 封殺）、ホース・ポンプ（圧力ポンプ）、フォースド・エラー（テニス 追い込まれてのエラー、反対はアンフォースド・エラー）

---

264 ※form［フォーム］

♣形づくる・形成する《形・形式》

form good habits　良い習慣を付ける

♠フォーム、リフォーム、フォーメーション

---

265 ☆foul［ファウル］

♣汚す・傷付ける《反則・汚い・反則の》

It's an ill bird that fouls its nest.

どんな鳥でも自分の巣は汚さない《諺》

♠ファウル（反則）

---

266 ☆found［ファウンド］

♣創立する、根拠を置く

found a new school　新しい学校を創立する

This novel is founded on fact.

この小説は事実に基づいている。

♠ファウンデーション（体型を補正するための女性用下着）、ファウンデーション・クリーム、ファンド（基金）

267 ☆freeze [フリーズ] (froze frozen)

♣凍らせる

He was frozen to death.　彼は凍死した。

♠フリーザー(冷凍庫)

---

268 ★fumble [ファンブル]

♣手探りで捜す・不器用に扱う

She fumbled with the screwdriver.

　　彼女はねじ回しを不器用に扱った。

♠ファンブル(野球)

---

269 ★fuse [フューズ]

♣溶かす・融合させる

fuse two pieces of wire together　二本の針金を溶接する

♠ヒューズ・フューズ(電気回路の破損を防ぐ電機部品)、フュージョン(ロックやクラシックなど他の分野と融合したジャズ)

---

270 ※gain [ゲイン]

♣得る・獲得する・増す《得ること・利益・増進》

gain the first prize　一等賞を取る

gain weight　ふとる

♠ゲイン(ラグビー、アメフト)、キャピタルゲイン(資本利得)

---

271 ※gather [ギァザ]

♣集める、収集する

A rolling stone gathers no moss.

　　転がる石に苔(こけ)はつかない《諺》

♠ギャザー(寄せひだ)、ギャザースカート(胴まわりにギャザーを寄せたスカート)

272 ※get [ゲット] (got gotten)

♣得る・獲得する、着く

　get a victory　勝利を得る

♠ゲッツー (野球 ゲット・ツー)、〜をゲットする

273 ※give [ギブ] (gave given)

♣与える・渡す

　I gave 1000 yen for this book.　この本に1000円支払った。

♠ギブ・アンド・テイク、ギブアップ、ギフト券

274 ★glide [グライド]

♣滑る《滑り》

　glide on the ice　氷の上を滑る

♠グライダー、ハング・グライダー

275 ☆grab [グラァブ]

♣ぐいとつかむ・ひったくる

　grab a person by the arm　腕をとって人をひっつかむ

♠グラブ (スノーボード ボードを掴む技)

276 ☆greet [グリート]

♣挨拶する・迎える

　He greeted me in English.　彼は私に英語で挨拶した。

♠グリーティング (カード)

277 ☆grip [グリップ]

♣しっかりつかむ《つかむこと・理解力・取っ手》

　grip one's hand　強く握る

♠グリップ (握りの部分、握り方)

278 ※grow [グロウ] (grew grown)

♣成長する・育てる

grow into a fine young man　立派な若者に成長する

♠グローイング・ツァー（新人養成のためにあったゴルフの二部ツアー）、
グロース株（株式投資 成長株）

---

279 ☆guarantee [ギャランティー]

♣保証する

This watch is guaranteed for one year.
　この時計は一年間の保証つきだ。

♠ギャラ [ギァランティ]（あらかじめ契約した出演料）

---

280 ☆guard [ガード]

♣見張る、保護する（見張り・防御）

The dog guarded the house.　その犬が家の番をした。

♠ガード（バスケットボール 守りを主とするプレーヤー）、ガード・レール、
ガードマン

---

281 ☆hack [ハァック]

♣たたき切る、損なう

hack a person to death　たたき殺す

♠ハッカー、ハッキング（ラグビー・バスケットボールの反則）

---

282 ☆handle [ハァンドル]

♣取り扱う《柄・取っ手》

a machine hard to handle　取り扱いがむずかしい機械

♠ハンドル、ハンドリング

283 ※happen [ハァプン]

♣ (事件などが)起こる・生じる、偶然～する

Many things have happened since then.

あれから多くのことが起こった。

We happened to meet at the station.

私たちはたまたま駅で出会った。

♠ ハプニング(偶然の出来事、観客も参加する半ば即興の演劇的行為)

284 ★harass [ハラス]

♣ 悩ます・苦しめる

harass a person with questions　人を質問責めにする

♠ セクハラ [セクシャル・ハラスメント]

285 ☆harden [ハードン]

♣ かたくする・鍛える

harden clay by heat　粘土を熱で固める

♠ ハード(トレーニング)

286 ★harmonize [ハーモナイズ]

♣ 調和させる

I must harmonize my plan with his.

私の計画を彼のと合わせなくてはならない。

♠ ハーモニー、ハーモニカ

287 ☆hate [ヘイト]

♣ ひどく嫌う、憎む

I hate dogs.　私は犬が大嫌いだ。

♠ ヘイトスピーチ

288 ☆hazard [ハザード]

♣思い切って出してみる《危険》

hazard one's opinion　思い切って意見を言う

♠ハザード・ランプ(車)、ハザード(ゴルフコース)、ハザード・マップ(災害予測地図)

---

289 ※hear [ヒヤ] (heard heard)

♣聞く・聞こえる

hear the news　ニュースを聞く

♠ヒヤリング、ヒヤヒヤ

---

290 ※help [ヘルプ]

♣手伝う、助ける《助力・お手伝い》

May I help you?　(店員が客に)何かお求めでしょうか?

♠ヘルパー、ホーム・ヘルパー

---

291 ☆hesitate [ヘズィテイト]

♣ためらう・躊躇する

He hesitate at nothing.　彼は何事にもためらわない。

♠ヘジテーション(躊躇)、ヘジテーションチェンジ(社交ダンス)

---

292 ★hijack [ハイジャック]

♣強奪する・乗っ取る

hijack a ship　船を乗っ取る

♠ハイジャック

293 ☆hire［ハイア］

♣賃借りする、雇う（貸借、雇い入れ・雇用）

hire a truck　トラックを賃借りする

hire a cook for a party　パーティのためにコックを雇う

♠ハイヤー（運転手付きの貸切乗用車）

---

294 ※hold［ホウルド］（held held）

♣持つ・つかむ・保つ

Hold the line, please.　（電話で）このままお待ち下さい。

♠キー・ホールダー、ホールディング（バレーボールなど）

---

295 ※honor（（米））、-our（（英））［アナ］

♣尊敬する、名誉を与える

honor one's father　父を尊敬する

I am very honored to meet you.　お目にかかれて光栄です。

♠オナー（ゴルフ 各ホールのティーグランドで最初にプレーする人に与えられる栄称）、オナーダンス（社交ダンス競技会）

---

296 ※hope［ホープ］

♣望む（希望）

hope for success　成功を希望する

♠「ホープ」（煙草の有名ブランド）

---

297 ☆hover［ホバー］

♣舞う・さまよう

The bird hovered over the nest.　鳥は巣の上を舞っていた。

♠ホバー・クラフト、ホバーリング（ヘリコプター）

298 ☆hum [ハム]

♣ブンブン音をたてる・鼻歌を歌う

He is humming.　彼は鼻歌を歌っている。

♠ハミング（口を閉じ、息を鼻に抜く唱法）

---

299 ☆hunt [ハント]

♣狩る・追跡する《狩猟》

hunt bears　熊狩りをする

♠（ボーイ、ガール）ハント、ヘッド・ハンター、ハンチング帽

---

300 ☆hurl [ハ〜ル]

♣強く投げる

He hurled his glove to the ground.

　彼はグローブを地面に強く投げ付けた。

♠ハーラー・ダービー（野球 投手の勝ち星争い）

---

301 ☆heal [ヒール]

♣治す・癒す

heal a wound　傷を治す

♠ヒーリング・タイム、ヒーリング・ミュジック

---

302 ★hustle [ハスル]

♣押し分けて通る・精力的にがんばる《押し合い》

hustle through the crowd　人込みの中を押し分けて通る

♠ハッスル、ハスラー

303 ★illuminate［イルーミネイトゥ］

♣照らす

The room was illuminated by large lamps.

　その部屋は大きなランプで照らされていた。

♠イルミネーション

---

304 ☆illustrate［イラストレイト］

♣説明する

Illustrate your theory with examples.

　例を挙げてあなたの学説を説明しなさい。

♠イラストレーター、イラスト（挿絵）

---

305 ☆imagine［イマァヂン］

♣想像する

imagine life on the moon　月での生活を想像する

♠イメージ、イマジネーション、「イマジン」（ビートルズのヒット曲）

---

306 ★imitate［イミィティト］

♣見習う・模造する

imitate a person's good conduct　人の善行にならう

♠イミテーション（模造、模造品）、「イミテーションゴールド」（山口百恵のヒット曲）

---

307 ★implant［インプラント］

♣植え付ける・差し込む

implant ideas in the mind　思想を心に吹き込む

♠インプラント（歯科医の治療技法の1つ）

308 ☆import [インポート]

♣輸入する、意味する《輸入、意味、重要性》

We import coffee from Brazil.

　　我々はブラジルからコーヒーを輸入する。

♠インポート・ブランド

---

309 ☆impose [インポウズ]

♣押し付ける

impose one's will on others　自分の意見を人に押し付ける

♠スーパー・インポーズ（映像に文字や他の映像などを重ねること）

---

310 ☆impress [インプレス]

♣印象づける・感銘を与える

I was much impressed by his story.

　　私は彼の話に大変感動した。

♠ファースト・インプレッション（第一印象）

---

311 ☆indicate [インディケイト]

♣指示する

The arrow indicates the way to the station.

　　矢印は駅に行く道を示している。

♠インジケーター（野球の球審が用いる計数器）

---

312 ★inflate [インフレイト]

♣ふくらませる

inflate a balloon　気球をふくらませる

♠インフレ［インフレーション］

313 ※influence [*イ*ンフルーエンス]

♣影響を及ぼす《影響》

We are greatly influenced by the people around us.
　　我々は周囲の人々に大きく影響される。

♠インフルエンサー、インフルエンザ

♥かつてインフルエンザは月の影響によって引き起こされると考えられた。

---

314 ☆initiate [イ*ニ*シエイトゥ]

♣始める・創始する

initiate a new method　新方式を創始する

♠イニシャル、イニシアティブ（国民発案）

---

315 ☆inform [イン*フォ*ーム]

♣知らせる・告げる

He informed me of the happy news.
　　彼がその吉報を私に知らせた。

♠インフォーメーション（通知・案内）、インフォームド・コンセント（医療説明を受け納得したうえでの同意）

---

316 ☆injure [*イ*ンヂュリ]

♣傷付ける、（感情などを）害する

injure a friend's feelings　友人の感情を害する

♠インジャリー・タイム（テニスなどで、負傷の手当のための時間）

317　innovate [*イ*ナァヴェイト]

♣革新する

innovate a new technology　新技術を取り入れる

♠イノベーション（技術革新）

318 ☆insert [イン**サ**〜ト]

♣差し込む・挿入する

insert a coin into a vending machine
自動販売機に硬貨を入れる

♠インサート(挿入、パソコン操作の一つ)

---

319 ☆inspect [インス**ペ**クト]

♣検査する・調べる

inspect every part of the machine
機械の全ての部分を検査する

♠インスペクション(スキー競技におけるコースの点検・下見)

---

320 ☆inspire [インス**パ**イア]

♣吹きこむ、激励する

This success inspired me.　この成功が私を元気づけた。

♠インスピレーション(霊感・激励)

---

321 ☆install [インス**ト**ール]

♣取り付ける

install a telephone　電話を取り付ける

♠インストール(取り付け、パソコン操作)、インスタレーション(現代美術の表現手法、ジャンルの1つ)

---

322 ☆instruct [インスト**ラ**クト]

♣教える・指図する

He instructs us in Latin.　彼は私達にラテン語を教える。

♠インストラクター

323 ☆integrate［イン**テ**グレイト］

♣全体にまとめる・統合する

an integrated plan　総合計画

♠IC［インテグレーテッド・サーキット、集積回路］

---

324 ★intercept［インタ**セ**プト］

♣途中で奪う

intercept a letter　手紙を横取りする

♠インターセプト（スポーツ　相手のパスしたボールを途中で横取りすること）

---

325 ★interchange［インター**チェ**インジ］

♣交換する《交換》

interchange goods　品物を交換する

♠インターチェンジ（高速道路の施設）

---

326 ※interest［**イ**ンタレスト］

♣興味を起こさせる《興味・関心》

He is not interested in politics.　彼は政治には興味がない。

♠インタレスト・グループ（利害関係団体）

---

327 ☆interfere［インタ**フィ**ア］

♣邪魔する・干渉する

I'll come if nothing interferes.

　　何も支障がなければ伺います。

♠インターフェア（スポーツ、妨害）、「インターフェロン」（有名な肝炎治療薬）

328 ☆interview [インタヴュー]

♣会見する・面接する《会見・面会・インタビュー》

He was interviewed for the job.
　　彼は求職のために面接を受けた。

♠インタビュー、インタビュアー

---

329 ☆introduce [イントロデュース]

♣紹介する、導く・導入する

May I introduce Mr. Johnes to you?
　　ジョーンズ氏をご紹介します。

introduce a new fashion　新しい流行を伝える

♠イントロ [イントロダクション] (序奏・前奏)

---

330 ☆invade [インヴェイド]

♣侵入する

The enemies invaded the capital.　敵軍が首都に侵入した。

♠「インベーダー・ゲーム」

---

331 ※invite [インヴァイト]

♣招待する・誘う

I invited him to dinner.　私は彼を食事に招待した。

♠～インビテーショナル (ゴルフなどの招待試合)

---

332 ☆jet [ヂェット]

♣噴出する《噴出・噴射》

The steam jetted out.　蒸気が噴出した。

♠ジェット機、ジェット(エンジン)

333 ※join [**ヂョ**イン]

♣結合する、参加する

I want to join the club.　私はそのクラブに入りたい。

♠ジョイント・リサイタル、ジョイント・ベンチャー、ジョイント（継ぎ手）

---

334 ★juggle [**ヂャ**グル]

♣曲芸をする・ごまかす

juggle accounts　勘定をごまかす

♠ジャッグル（野球）、ジャグラー（大道芸人）

---

335 ☆justify [**ヂャ**スティファイ]

♣正しいとする・正当化する

justify oneself　弁明する

♠ジャスト、ジャスト・ミート、ジャスト・イン・タイム

---

336 ※keep [**キー**プ]（kept kept）

♣保存する・保つ・守る

keep a room clean　部屋をきれいにしておく

keep quiet　静かにしている

keep crying　泣き続ける

♠キープ（サッカーなど　ボールの保持）、ゴール・キーパー、サービス・キープ（テニス）

---

337 ☆kick [**キ**ック]

♣ける《けること・けり》

He kicked me in the back.　彼は私の背中をけった。

♠キック（サッカー、水泳など）、キック・ボクシング

338 ※kill [**キル**]

♣殺す・駄目にする

Kill two birds with one stone.　一石二鳥《諺》

♠〜キラー（野球など、例. 巨人キラー）、マダムキラー、オーバー・キル（景気の冷やし過ぎ）

---

339 ☆kiss [**キス**]

♣口づけする・軽く触れる《接吻・キス》

kiss a person on the cheek　人の頬にキスする

♠キス、キス・マーク、「キスミー化粧品」、「サンキスト」（オレンジのブランド、過去形の使用が面白い）

---

340 ☆knit [**ニット**]

♣編む《編み物・メリヤス》

Mother knitted me a pair of gloves.
　　母は私に手袋を編んでくれた。

♠ニット（糸を編んで織った伸縮性のある布地）

---

341 ※know [**ノウ**]（**knew known**）

♣知る・知っている

know facts　事実を知っている

♠ノウハウ（物事のやり方）

---

342 ☆lag [**ラグ**]

♣遅れる・ぐずぐずする

lag behind the group　グループに遅れる

♠タイム・ラグ（時間差）

343 ※land［ランド］

♣上陸する《土地》

We landed in Japan.　我々は日本に上陸した。

♠ランディング（飛行機の着地、スキーの着地）

344 ☆lap［ラァップ］

♣重ねる、包む《ひざ・競走トラックの1周》

lap a board over another　1枚の板を他の板の上に重ねる

♠ラッピング（包装）、オーバーラップ（重複）、ラップ・タイム（途中計時）

345 ☆launch［ランチ］

♣進水させる・発射する《進水》

launch a spaceship　宇宙船を打ち上げる

♠ランチャー（ミサイルなどの発射装置）、ランチ（船舶）

346 ★launder［ローンダー］

♣洗濯する

a beautifully laundered shirt　きれいに洗濯されたシャツ

♠コイン・ランドリー、マネー・ロンダリング（資金洗浄）

347 ※lay［レイ］（laid laid）

♣置く・敷く

lay a carpet on the floor　床にじゅうたんを敷く

♠レイヤーケーキ、レイアップ・シュート（バスケットボール）、レイアウト（配置、配列）

348 ※lead [リード] (led led)

♣導く・先に立つ

　lead an orchestra　オーケストラを指揮する

♠リード、リーダー、リーディング・ヒッター (野球 首位打者)

---

349 ☆leak [リーク]

♣漏れる

　Gas is leaking from the pipe.　ガスがパイプから漏れている。

♠リーク (漏洩)

---

350 ※learn [ラーン]

♣学ぶ

　learn English　英語を学ぶ

♠eラーニング (情報技術を用いた学習)

---

351 ☆lease [リース]

♣賃貸する《賃貸借契約》

　They leased the farm from him.　彼らは彼から工場を借りた。

♠リース、カー・リース

---

352 ☆lecture [レクチュヤ]

♣講義する《講義・講演》

　He lectures in economics.　彼は大学で経済学を教えている。

♠レクチャー (講義)

---

353 ※let [レット] (let let)

♣〜させる

　Let's go.　行こう。

♠「レット・イット・ビー」(ビートルズのヒット曲)、レッツ・ゴー

354 ☆license [**ライセンス**]

♣許可する

The shop was licensed to sell beer.

その店はビールの販売を許可された。

♠ライセンス（許可）

355 ☆lift [**リフト**]

♣持ち上げる・上げる《持ち上げること・上昇》

This stone is too heavy to lift.

この石は重すぎて持ち上がらない。

♠フォーク・リフト、リフト（昇降機）

356 ☆limit [**リミット**]

♣制限する《制限・限界》

We are limited in ability.　我々は能力が限られている。

♠リミット（限界）、オフ・リミット（立ち入り禁止）、タイム・リミット

357 ※listen [**リスン**]

♣聞く・耳をかす

I was listening to the music.　私はその音楽を聞いていた。

♠リスナー（視聴者）、イージー・リスニング（音楽）

358 ※live [**リヴ**]

♣住む・生きる

I live in London.　私はロンドンに住んでいる。

♠リビング・ルーム、ライブ・ハウス、ライフ・ライン

359 ☆load [ロード]

♣積む・載せる《荷・積荷》

load a ship with coal　船に石炭を積む

♠ダウン・ロード(パソコン操作)、オーバー・ロード(過重負担)

360 ☆loan [ローン]

♣貸す《貸付・貸付金》

He loaned me some money.　彼は私に少し金を貸してくれた。

♠住宅ローン

361 ☆locate [ロウ**ケイ**ト]

♣位置を定める・設ける

He located his new store on the main street.

彼は本通りに新しい店を構えた。

♠ロケ [ロケーション] (野外撮影)

362 ☆lock [**ラ**ック]

♣錠をおろす・閉じ込める《錠・錠前》

I locked the door.　私はドアにかぎをかけた。

♠(コイン)ロッカー、ロック(アウト)、ロケット(装身具)

363 ☆loosen [**ル**ゥースン]

♣ゆるめる・解く

loosen a rope　綱をゆるめる

♠ルーズ・リーフ、ルーズ・スクラム(ラグビー)

364 ※look [ルック]

♣ 見る、〜のように見える、〜に向く

Look before you leap.　転ばぬ先のつえ《諺》

look happy　幸福そうに見える

The window looks west.　その窓は西向きである。

♠ ルックス（見かけ）、〜ルック（ファッション 特徴ある服装のスタイル）

---

365 ※lose [ルーズ]（lost lost）

♣ 失う、見失う、敗ける

lose one's watch　時計をなくす

♠ ロス（損失）、ロスト・ボール（ゴルフ）、ロス・タイム（サッカーなど）

---

366 ★lull [ラル]

♣ (子供を)あやす・静める

lull a baby to sleep　赤ん坊をあやして寝つかせる

♠ ララ・バイ（音楽 子守歌）、「ルル」（第一三共の風邪薬）

---

367 ☆lure [ルア]

♣ 誘惑する《誘惑・おとり》

Don't lure him from his study.

　勉強している彼を誘惑するな。

♠ ルアー（疑似針）

---

368 ★magnify [マグニファイ]

♣ 拡大する・誇張する

This lense magnifies the lettre five times.

　このレンズはその文字を5倍に拡大する。

♠ マグニチュード（地震の大きさを示す指標）、フォッサ・マグナ（大地溝帯）、マグナ・カルタ（大憲章）

369 ☆maintain [メインテイン]

♣保持する・支える

maintain peace　平和を保つ

♠メンテ [メンテナンス] (設備の保守管理)、ビル・メン

370 ※make [メイク] (made made)

♣つくる、(ある動作・行為を)する・行う、〜を〜にする

Mother made me a new dress.

　　母は私に新しいドレスをつくってくれた。

make a mistake　間違いをする

He made her happy.　彼は彼女を幸福にした。

♠メーカー(製造業者)、メーキャップ(メークアップの略で化粧)、オーダー・メイド(注文服)

371 ☆manage [マァネッヂ]

♣取扱う、経営する

manage a machine　機械を取扱う

♠マネージャー、マネージメント

372 ☆manufacture [マァニュファクチャ]

♣製造する《製造・製造業》

manufacture leather into shoes　革を靴に仕上げる

♠マニファクチュア(工場制手工業)

373 ※mark [マーク]

♣印を付ける・記す《記号・印・跡》

Mark the place on this map.

　　その場所を地図に印を付けなさい。

♠マーカー(文具)、マーク(する)、マーク・シート

374 ※marry [メリー]

♣結婚する

He married a pretty girl.　彼は美人と結婚した。

♠マリッジ・カウンセラー

---

375 ※master [マァスタ]

♣修得する・支配する《主人・組織の長・名人・修士》

master English in a year　1年で英語を修得する

♠マスターする、マスター（支配人）、マスターズ大会

---

376 ※matter [マター]

♣重大である、問題である

It matters a little if we were late.
　　遅れたってたいしたことではない。

♠マター（案件）
「ブラック・ライブス・マター」（米国黒人問題のスローガン）

---

377 ☆measure [メジャー]

♣測る《測定・寸法・物差し》

measure speed　速度を測る

♠メジャー（巻き尺）

---

378 ※meet [ミート]

♣会う・出迎える、立ち向かう、応じる

I am glad to meet you.　お目にかかれてうれしい。

♠ミーティング（会合）、ジャスト・ミート（野球など）

379 ☆melt [メルト]

♣溶ける

The ice is melting. 氷が溶けている。

♠メルト・ダウン(原子炉の炉心溶融)

380 ※mind [マインド]

♣気にする・注意する《心・精神》

Mind your own business.

いらぬお世話だ(自分の仕事に注意しろ)。

♠ドンマイ[ドント・マインド]、マインド(心、気持ち)

381 ※miss [ミス]

♣はずす、～がいなくてさびしい《失敗・はずれ》

I miss you. 君がいないのでさびしい。

♠ミス、ミスショット、ミスマッチ、ニアミス

382 ☆mistake [ミステイク]

♣間違える、誤解する《誤り・誤解》

mistake the way 道を間違える

♠ミステイク、「オーミステイク」(戦後まもないころの流行語、オーミステイク事件)

383 ※mix [ミックス]

♣混合する・調合する

Mix blue with yellow and you get green.

青と黄を混ぜれば緑になる。

♠ミキサー、ミックス・サンド、ミックス・ダブルス(混合ダブルス)

384 ☆modify [**マ**ディファイ]

　♣修正する、修飾する

　　modify the original plan　原案を修正する

　　Adverbs modify verbs, adjectives and so on.

　　　副詞は動詞や形容詞などを修飾する。

　♠モード(ファッション)、モデル

385 ☆monitor [**マ**ニタ]

　♣監視する・傍受する《学級委員・監視器》

　　Moskow radio news monitored in Tokyo

　　　東京で傍受されたモスクワ放送

　♠モニター・テレビ、モニタリング

386 ☆motivate [**モ**ウティヴェイト]

　♣動機づける・誘発する

　　This murder is motivated by hatred.

　　　この殺害は憎しみによって起こった。

　♠モチベーション

387 ☆mount [**マ**ウント]

　♣登る・乗る、載せる《山・台・台紙》

　　mount a hill　丘に登る

　♠マウント(写真を貼る台紙)

388 ※move [**ム**ーヴ]

　♣動かす、感動させる

　　Don't move your head.　頭を動かすな。

　　His story moved us.　彼の話は私達を感動させた。

　♠ムービー、ムーブメント、モーター

389 ☆multiply［**マゥ**ティプライ］

♣増やす

multiply one's fortune　財産を増やす

♠マルチ商法、マルチ・タレント

---

390 ★narrate［**ナァ**レイト］

♣述べる・物語る

narrate one's adventures　冒険談をする

♠ナレーター、ナレーション

---

391 ★navigate［**ナァ**ヴィゲイト］

♣航海する、（船・飛行機などを）操縦する

navigate Atlantic　大西洋を航海する

navigate a ship　船を操縦する

♠カー・ナビ［カーナビゲーションシステム］、ナビゲーター（航海士）

---

392 ※need［**ニー**ズ］

♣必要とする《必要・要求》

I need your help.　私はあなたの助けを必要としている

♠ニーズ（要求、欲求）

---

393 ☆negative［**ネ**ガティヴ］

♣否定する《消極的な、否定・陰画・ネガ》

His plan was negatived.　彼の計画は否定された。

♠ネガ［ネガティブ］（フィルム）、ネガティブ

394 ☆neglect [ネグレクト]

♣なまける・おこたる

Don't neglect your duties.　任務をおこたるな。

♠ネグる、ネグレクト(無視・育児放棄)

395 ☆negotiate [ネゴティエイト]

♣交渉する

negotiate a treaty　条約を協定する

♠ネゴ[ネゴシエーション]、「ネゴシエーター」(米作品)

396 ☆nominate [ナミネイト]

♣(候補者として)指名する、任命する

He was nominated for President.
　　彼は大統領候補に指名された。
He was nominated to the post.
　　彼はその地位に任命された。

♠ノミネート(賞の候補に指名すること)

397 ★nourish [ナ～リッシュ]

♣栄養を与える・養う

nourish a baby with milk　牛乳で赤ん坊を育てる

♠ナリッシング・クリーム

398 ※nurse [ナ～ス]

♣看護する、(赤ん坊に)乳をやる

nurse a sick man　病人を看護する

♠ナース(看護師)

399 ☆object [オブ**ジェ**クト]

♣反対である《物体・目的》

　object to your opinion　あなたの意見に反対だ

♠オブジェクション（異議）、「筑紫哲也の異論!反論!オブジェクション」

400 ※observe [オブ**ザ**～ヴ]

♣観察する

　observe the stars　星を観測する

♠オブザーバー（観察者）

401 ★obstruct [オブスト**ラ**クト]

♣妨害する・邪魔する

　The truck obstructed the traffic.

　　トラックが交通を邪魔した。

♠オブストラクション（野球・バスケットボールなど 反則となる妨害行為）

402 ☆offend [オ**フェ**ンド]

♣怒らせる・違反する

　I am sorry if I've offended you.

　　お気にさわりましたらごめんなさい。

♠オフェンス（スポーツ、攻撃）

403 ※offer [**オ**ーファ]

♣提供する・申し出る《提供・申し出》

　I offer my appreciation.　感謝申し上げます。

　I wish to offer you a glass of wine.　一献さし上げたい。

♠オファー（移籍、出演などの申し込み）

404 ☆omit [オウミット]

♣省く・抜かす

This word may be omitted.　この語は省いてもよい。

♠オミット(除外)、オミット(スポーツ 反則による失格)

---

405 ☆operate [ア(オ)ペレイト]

♣動かす・運営する

operate an elevator　エレベーターを運転する

♠オペレイター(操作者)、オペ[オペレーション](手術)、売りオペ(金融用語)

---

406 ※order [オーダ]

♣命じる・注文する《命令・注文・順序・規律》

The doctor ordered me to stay in bed.

　　医者は私に寝ているように指示した。

♠オーダー・メイド(服装 注文服)、バッティング・オーダー(打撃順)

---

407 ☆organize [オーガナイズ]

♣組織する

organize a strike　ストライキを組織する

♠オルガン(音の出る器械が原意)、オルグ[オルガナイザー]

---

408 ☆originate [オリヂネイト]

♣始める・起こす

originate a war　戦争を起こす

♠オリジナル(原本)、オリジナリティ(独創性)

409 ★overflow [オーバーフロー]

♣あふれ出る《氾濫・流失》

The crowd overflowed in the street.

群衆は通りまであふれ出した。

♠オーバーフロー

---

410 ★overhaul [オーバーホール]

♣徹底的に調査する

My truck was overhauled by an expert mechanic.

私のトラックは熟練工にオーバーホールしてもらった。

♠オーバーホール(総点検)

---

411 ※own [オウン]

♣所有する、(自分のものと)認める

Who owns this land? この土地は誰が持っていますか。

♠オーナー(所有者)、オーナードライバー、オウンゴール(サッカー)

---

412 ☆pack [パァック]

♣荷造りする、包む《荷物・包み・1包み》

A hundred men were packed into one room.

100人が一部屋に詰め込まれた。

♠パック(包み)、パッケージ(包装)、パック旅行

---

413 ☆pain [ペイン]

♣苦痛を与える《苦痛・骨折り》

My cut knee pains me. 傷ついたひざが痛む。

♠ペイン・クリニック

414 ☆parade [パレイド]

♣行進する、見せびらかす《行列・見せびらかし》

Don't parade your learning.　学問を見せびらかすな。

♠パレード（行進）、ヒット・パレード

---

415 ★paralyze、-lyse [パァラライズ]

♣まひさせる・無力にする

He was paralyzed with terror.　彼は恐怖でたちすくんだ。

♠パラリンピック

---

416 ※park [パーク]

♣駐車する

park a car　駐車する

♠パーキング・メーター

---

417 ※part [パート]

♣別れる・分かれる《部分・一部分・役割・部品》

We parted at the gate.　私達は門のところで別れた。

♠パーティション（間仕切り）、パートナー、パート・タイマー、パーツ

---

418 ※pass [パァス]

♣通る、（時間が）たつ、合格する《許可証・パス》

pass in the examination　試験に合格（パス）する

♠パス（送球、合格、定期など）、パス（トランプ）、パスポート（旅券　ポートは港の意）

419 ※pay [ペイ] (paid paid)

♣支払う・払う

How much did you pay for the camera?

このカメラをいくらで買ったか。

♠ペイ(賃金)、プリペイド・カード

♥プリは前の意

---

420 ☆perceive [パスィーヴ]

♣～に気付く・～が分かる

I perceived him (to be) an honest man.

彼が正直な人であることが分かった。

♠パーセプション・ギャップ(認識の相違)

---

421 ※perfect [パ～フェクト]

♣完成する《完全な》

perfect a picture　絵を描きあげる

♠パーフェクト・ゲーム(完全試合)

---

422 ☆perform [パフォーム]

♣実行する・果たす、演じる

perform one's promise　約束を実行する(果たす)

perform one's part　自分の役を演じる

♠パフォーマンス(身体的行為によって行う芸術的表現の総称)

---

423 ※pick [ピック]

♣つむ、選び取る、つつく《選択・つつくもの》

pick flowers　花をつむ

♠アイス・ピック、ピック・アップ、ピッキング

424 ☆pierce [ピアス]

　♣突き通す、穴をあける

　　The arrow pierced the tree.　矢は木をつらぬいた。

　　He pierced a hole in the ice.　彼は氷に穴をあけた。

　♠ピアス（装身具）

---

425 ☆pinch [ピンチ]

　♣つねる、困らせる《つねること・危機》

　　She pinched my cheek.　彼女は私のほほをつねった。

　♠ピンチ、ピンチ・ヒッター

---

426 ☆pirate [パイレット]

　♣海賊を働く・略奪する《海賊》

　　a pirated edition　海賊版

　♠パイレーツ・パンツ、「ビッツバーグ・パイレーツ」（米大リーグ球団）

---

427 ☆pitch [ピッチ]

　♣投げる、張る、整える《投げること・調子》

　　He pitched the stone into my house。

　　　彼は私の家に石を投げ込んだ。

　♠ピッチャー（野球）、ピッチ（陸上競技など）、ピッチ（調子）

---

428 ※plan [プラァン]

　♣計画する・設計する《計画・設計図》

　　plan a party　パーティを計画する

　♠プラン（計画）、プランニング、プランナー

429 ※plant［プラント］

♣植える、据える《植物・工場》

She planted roses in the garden.　彼女は庭にバラを植えた。

♠プランター（草花などの栽培容器）、プラント（生産設備一式）

---

430 ※play［プレイ］

♣（試合などを）する、演じる《遊び・劇・試合》

play a good game　よい試合をする

♠プレイヤー、プレー・ボーイ、プレー・ボール（野球）

---

431 ☆plug［プラッグ］

♣栓をする、ふさぐ《栓・電気の差し込み》

plug up a wall　壁の穴をふさぐ

♠プラグ（電線の差し込み栓）

---

432 ★poach［ポウチ］

♣侵入する

poach on a neighbor's land　隣人の土地に侵入する

♠ポーチ（テニス）

---

433 ☆pop［パップ］

♣ポンと音をたてる《ポン・パンという音》

The cork popped out of the bottle.

　コルクのせんがポンと瓶から抜けた。

♠ポップ・フライ（野球）、ポップ・コーン

434 ★populate［パピュレイト］

♣住む・居住する

The country is heavily populated.

その国は人口密度が高い。

♠ポピュラー・ソング、ポップス

---

435 ※practice［プ**ラ**ァクティス］

♣実行する、練習する

practice early rising　早起きを実行する

practice English　英語を習う

♠プラクティス（試合・レース前の練習）

---

436 ※prepare［プリ**ペ**ア］

♣準備する・用意する

prepare a room　部屋を用意する

♠プレッピー・ルック（ファッション）、プリパレーション（準備運動）

---

437 ※present［プレ**ゼ**ント］

♣贈る・提出する、紹介する

present prizes　賞品を贈呈する

♠プレゼント、プレゼンター（贈呈者・案内役・司会者など）、プレゼンテーション（提示・説明）

---

438 ☆preside［プリ**ザ**イド］

♣司る・議長になる

preside a meeting　集会を司会する

♠プレジデント（大統領）、「プレジデント」（トヨタの高級セダン）

439 ※press［プレス］

♣押す、押し付ける《押すこと、圧迫、新聞》

She often presses her opinion upon others.
　　彼女はしばしば自分の意見を他人に押し付ける。

♠「プレス・ハム」、プレッシャー

---

440 ☆proceed［プロゥスィード］

♣進む、続行する

proceed to university　大学に進む

♠プロセス（進行・過程）

---

441 ☆process［プラセス］

♣加工する・処理する

processed cheese　加工チーズ

♠プロセス、プロセス・チーズ（加工チーズ）

---

442 ※produce［プロデュース］

♣生産する、製作する

produce a lot of great works of art
　　数々のすぐれた芸術作品を生み出す

♠プロデューサー、プロダクション（制作事務所）、プロダクト（製品）

---

443 ★profess［プロフェス］

♣公言する、職業とする（〜の知識・技能があると公言するが原義）

profess one's love　愛を告白する

profess law　法律（弁護士）を業とする

♠プロフェッショナル（職業選手）、プロフェッサー（教授）

444 ※progress［プラグ**レ**ス］

♣前進する、進歩する

It was impossible to progress further.

　これ以上前進することは不可能であった。

Science progresses.　科学は進歩する。

♠プログレッシブ・ジャズ（主に白人のビッグバンドによる前衛的なジャズ）、「プログレ」（トヨタのセダン型高級車）

---

445 ☆project［プロ**チェ**クト］

♣発射する、放映する、計画する《計画、事業、プロジェクト》

project a missle　ミサイルを発射する

project a new dam　新しいダムを計画する

♠プロジェクション・テレビ（投射型テレビ）、プロジェクト・チーム

---

446 ※promise［プラミス］

♣約束する《約束》

promise one's help　助力を約束する

♠「プロミス」（大手消費者金融）

---

447 ☆promote［プロ**モ**ウト］

♣促進する、昇進させる

promote peace　　平和を促進する

♠セールス・プロモーション（販売促進）、プロモーター（興行主、促進者）

---

448 ★propel［プロ**ペ**ル］

♣押す・推進する

This ship is propelled by steam.　この船は蒸気で進む。

♠プロペラ（飛行機など）

449 ☆propose［プロ**ポ**ウズ］

♣申し込む・提案する、結婚を申し込む

propose a new method　新方式を提案する

♠プロポーズ（求婚）

---

450 ☆protest［プロウ**テ**スト］

♣主張する、反抗する

protest heavy tax　重税に抗議する

♠プロテスタント（キリスト教の宗派）

---

451 ☆protect［プロ**テ**クト］

♣守る・保護する

They protected themselves against the enemy.

　彼らは敵から自分達を守った。

♠プロテクター（野球など けがを防止するための保護具）

---

452 ※prove［プ**ル**ーヴ］

♣証明する

The fact proves his honesty.

　この事実は彼が正直であることを証明している。

The report proved(to be)true.

　その報告は正しいことが分かった。

♠ウォーター・プルーフ（防水加工）

♥プルーフはプルーブの名詞形

453 ※provide [プロヴァイド]

♣備える・用意する、供給する

provide against danger　危険に備える

♠プロバイダー（供給者、接続業者）、プロビジョナル・ボール（ゴルフ　暫定球）

---

454 ☆publish [パブリッシュ]

♣出版する・公表する

publish the news　ニュースを公表する

♠パブリック（公的な）、パブリシティ（広報活動の一つ）、パブ（酒場　パブリック・ハウスの略）

---

455 ※pull [プル]

♣引く・引っぱる

pull fruit out of the tree　木から果物をもぐ

♠プル・オーバー（頭からかぶって着る形の服）

---

456 ☆pulse [パルス]

♣脈打つ・振動する《脈拍・波動》

His heart pulsed fast with excitment.

彼の心臓は興奮でどきどきと脈打った。

♠「パルサー」（ニッサン）、パルス（信号）

457　puncture [パンクチャ]

♣（針などで）刺す・穴をあける

puncture a balloon with a pin　ピンで風船に穴をあける

♠パンク [パンクチュア]

458 ★purify [ピュリファイ]

♣清める・浄化する

purify air　空気を浄化する

♠ピューリタン（キリスト教の宗派）

459 ☆pursue [パスュー]

♣追いかける・追い求める

puesue one's object　目的を追求する

♠チーム・パシュート・レース（自転車競技、スピードスケートなどの追い抜き競技）

460 ※push [プッシュ]

♣押す・押し進める

push trade with America　アメリカとの貿易を推進する

♠プッシング（サッカーなどで相手の体を手や腕で押す反則）

461 ☆puzzle [パズル]

♣困惑させる・迷わす《謎・難問》

The question puzzled me.　私はその質問に困惑した。

♠パズル

462 ★quake [クウェイク]

♣震える《揺れ・地震》

The earth quaked.　地面が揺れた。

♠クエーカー教徒（キリスト教の宗派、神の声に震えるが原意）

463 ☆qualify [クワリファイ]

♣資格を得る・予選を通過する

Our team qualified for the Word Cup.
我がチームはワールドカップの予選を通過した。

♠クオリファイ（競技などで予選を通過すること）

---

464 ☆quote [クウォート]

♣引用する

quote Shakespeare　シェックスピアを引用する

♠クオテーション・マーク（引用符）

---

465 ☆quest [クウェスト]

♣探索する

quest for clues　手がかりを探し求める

♠クエスチョン・マーク、「ドラゴンクエスト」（ビデオゲーム）

---

466 ★quiz [クウィズ]

♣テストする《簡単なテスト・試験》

The teacher quized the pupils on the English.
先生は生徒に英語のテストをした。

♠クイズ

---

467 ★radiate [レイディエイト]

♣（光り・熱などを）放つ・放射する

The sun radiates light and heat.　太陽は光と熱を放射する。

♠ラジエーター（熱交換機の1つ）、ラジオ、ラジウム、ラジアル・タイヤ

468 ☆raid [レイド]

♣急襲する（急襲）

Soldiers raided the enemy camp.
兵士達は敵のキャンプを急襲した。

♠「レイダース／失われたアーク」（米映画）

---

469 ☆rally [ラァリ]

♣再び集める・回復する（大集会・回復）

The leader rallied his men. 指揮者は部下を再結集させた。

♠ラリー（自動車）、スタンプ・ラリー

---

470 ☆range [レインヂ]

♣並ぶ、広がる、歩き回る（並び・列・射程・範囲）

The large houses ranged along the road.
大きな家が道路に沿って並んでいた。

♠レンジャー部隊、「テキサス・レンジャーズ」（米大リーグ球団）、（ロング）レンジ

---

471 ☆rap [ラァップ]

♣こつこつたたく・軽く打つ（こつこつたたくこと）

rap a desk 机を軽くたたく

♠ラップ（音楽）

---

472 ※reach [リーチ]

♣到着する、手を伸ばして取る（手のとどく範囲）

reach London ロンドンに到着する

♠リーチ（拳闘、テニスなど）

473 ★react［リアクト］

♣反応する・影響する

The eye reacts to light.　目は光りに反応する。

♠リアクション、リアクター（反応装置）

---

474 ★rebate［リベイト］

♣払い戻しする、割引する《割引・払い戻し》

He rebated ten thousand yen to me.
　　彼は1万円を私に割り戻した。

♠リベート（割戻金、賄賂など）

---

475 ★rebound［リバウンド］

♣はね返る・元へ戻る

A ball rebounds from a wall.
　　ボールが壁に当たって跳ね返る。

♠リバウンド（跳ね返り）

---

476 ☆recall［リコール］

♣思い出す、呼び戻す

recall one's name　名前を思い出す

♠リコール（解任、撤回）

---

477 ★recede［リスィード］

♣退く・遠ざかる

The waves recede from the rock.　岩から波が引く。

♠リセッション（景気後退）

478 ※receive［リ**スィー**ブ］

♣受け取る

receive a gift　贈り物を受け取る

♠レシーブ（テニス、卓球など）、レシーバー、レシート（領収書・受け取り）

---

479 ★recite［リ**サイ**ト］

♣暗唱する、朗読する

recite a poem　詩を朗読する（暗唱する）

♠リサイタル（独唱会、独奏会）

---

480 ★recline［リク**ライ**ン］

♣寄りかかる、頼る

recline against the wall　壁に寄りかかる

recline on one's parents　両親に依存する

♠リクライニング・シート（自動車、列車など）

---

481 ☆recover［リ**カ**バー］

♣回復する・取り戻す

She recoverd her health.　彼女は健康を取り戻した。

♠リカバリー・ショット（ゴルフ）

---

482 ※record［リ**コー**ド］

♣記録する、〜を示す（記録、経歴、成績、レコード）

I recorded his speech.　私は彼の演説を書きとめた。

The thermometer records 20℃

　温度計はセ氏20度を示している。

♠レコード（記録、レコード盤など）

483 ★recreate [レクリ**エ**イト]

♣休養させる・英気を養う

　recreate oneself by a holiday　休暇を取って休養する

♠レクリエーション

---

484 ★recruit [リク**ルー**ト]

♣募集する、回復する《新兵・新米》

　recruit student workers　アルバイト学生を募集する

♠リクルート、リクルーター、「リクルート」(人材採用関連企業)

---

485 ★recycle [リ**サ**イクル]

♣再生利用する

　recycled paper　再生紙

♠リサイクル、リサイクル(ショップ)、サイクル

---

486 ☆refer [リ**ファ**〜]

♣参照する、任せる

　refer to a dictionary　辞書を引く

　refer the question to a committee　問題を委員会に任せる

♠レフリー(審判)、リファレンスサービス(図書館のサービスの1つ)

---

487 ★refine [リ**ファ**イン]

♣精製する・上品にする

　refine one's taste　趣味を洗練する

♠リファイナリー(精油所)、ファインプレー(美技)

488 ☆reflect [リフレクト]

♣反射する

White clothing reflects heat and sunlight.
　　白い衣服は熱と日光を反射する。

♠一眼レフ [レフレックス]カメラ

---

489 ☆reform [リフォーム]

♣改正する・直す《改正》

reform a system of society　社会制度を改革する

♠リフォーム（家の改装など）

---

490 ★refresh [リフレッシュ]

♣爽やかにする、元気づける

feel refreshed　気分がすっきりする

♠リフレッシュ

---

491 ☆register [レジスター]

♣記入する・登録する《記入・登録》

The thermometer registered zero.
　　温度計は零度を記録した。

♠レジ [レジスター] （金銭登録機）、レジ係

---

492 ★regulate [レギュレイト]

♣規制する、調整する

regulate the traffic　交通を整理する・取り締る

regulate a clock　時計を調整する

♠レギュラー（正選手）、レギュラー・ガソリン

493 ★rehabilitate [リハビリテイト]

♣元に戻す・回復させる

rehabilitate patients　患者を健康に戻す

♠リハビリ [リハビリテーション] (後遺症などからの回復)

494 ★rehearse [リハ～ス]

♣試演（練習）する

rehearse a play　劇を試演する

♠リハーサル

495 ☆relate [リレート]

♣関係づける・物語る

relate the result to a cause　結果をある原因に結び付ける

♠リレーション（関係）、PR [パブリック・リレーションズ]

496 ★relax [リラァックス]

♣ゆるめる、くつろがせる

He relaxed his grip.　彼はつかんでいた手をゆるめた。

Music always relaxes me.

　音楽はいつも私をくつろがせてくれる。

♠リラックス（緊張をほぐし、気分を楽にすること）、リラクゼーション・サ
ロン（健康産業の一つ）

497 ★relay [リーレイ]

♣中継する・伝える《交替・中継・リレー》

relay his message　彼の伝言を伝える

♠リレー（陸上競技など、継走）

498 ☆release［リリース］

♣放つ、開放する

He released an arrow.　彼は矢を放った。

♠リリース（野球 投手が球を手放すこと）、リリース（CD、ビデオなどの発売）

---

499 ☆relieve［リリーヴ］

♣救助する

relieve the poor　貧民を救済する

♠リリーフ・ピッチャー（野球 救援投手）

---

500 ★rely［リライ］

♣当てにする・信頼する

You should not rely on others.

　　他人を当てにしてはならない。

♠リライアビリティ（信頼性）

---

501 ※remember［リメンバー］

♣思い出す・覚えている

I can't remember his name.　私は彼の名前が思い出せない。

♠「リメンバー・ザ・パールハーバー」（日本の真珠湾攻撃に対して、米国大統領、ルーズベルトが発した有名な声明）

---

502 ☆remove［リムーヴ］

♣移す・取り去る

Remove your coat.　上着を脱ぎなさい。

♠リムーバー（除光液、脱毛剤など）

503 ★renew［リニュー］

♣新たにする・回復する

　renew a tire　タイヤを取り換える

♠リニューアル（刷新）

504 ★rent［レント］

♣借りる、賃貸しする《賃貸料・家賃》

　We rent a house from Mr. Smith.

　　私たちはスミス氏より家を借りている。

　He rents a farm to us.　彼は私たちに農場を貸している。

♠レンタカー［レント・ア・カー］（貸し自動車）

505 ★repair［リペアー］

♣修理する・直す

　I had my watch repaired.　私は時計を直してもらった。

♠アンダー・リペアー（ゴルフ　修理地）

506 ☆repeat［リピート］

♣繰り返す、繰り返していう

　Never repeat such a careless mistake.

　　二度とそんな不注意なあやまちをくり返すな。

　Please repeat what you said.　もう一度おっしゃって下さい。

♠リピーター（再訪者）、オート・リピート（自動反転機構）

507 ☆replace［リプレイス］

♣元の所へ置く・返す・取り替える

　Please replace the book on the desk.

　　本を机の上にもどしなさい。

♠リプレイス（ゴルフ　ボールを置き直すこと）

508 ★replay [リプレイ]

♣再び行う・再生する

The drawn game will be replayed on Saturday.

その引き分け試合は土曜日に再試合が行われる。

♠リプレイ（再試合・再生）

---

509 ☆reply [リプライ]

♣返事をする、応答する

He didn't reply at all.　彼は何も答えなかった。

♠レプリカ（返却する優勝カップの代わりに与えられる小型の優勝カップ、複製品）

---

510 ※report [リポート]

♣報告（道）する

The radio reported his winning.

ラジオが彼の勝利を報道した。

♠レポート（報告、報告書）、レポーター

---

511 ☆require [リクワイア]

♣必要とする、要求する

Babies require plenty of sleep.

赤ん坊は十分な睡眠が必要である。

♠リクエスト、リクエスト番組

---

512 ★rescue [レスキュー]

♣救う・救い出す《救助》

rescue a child from drowning　おぼれかけている子を助ける

♠レスキュー隊（救急隊）

513 ☆research [リサーチ]

♣研究する・調査する《研究・調査》

research into a problem　問題を調査する

♠マーケット・リサーチ(市場調査)、リサーチャー(調査員)

514 ☆reserve [リザ～ブ]

♣取っておく・残しておく《予約》

reserve a room at a hotel　ホテルに部屋を予約する

♠リザーブ(ホテルなどの予約)、リザーブプレーヤー(控えの選手、交代
要員)

515 ★reset [リセット]

♣合わせ直す、リセットする

reset one's watch to local time　時計を地方時間に合わせる

♠リセット、リセット・ボタン

516 ★resist [リズィスト]

♣抵抗する、耐える・がまんする

They resisted the attack.　彼らは攻撃に抵抗した。

I could not resist laughing.　私は笑わずにはいられなかった。

♠レジスタンス(地下抵抗運動、抵抗)

517 ★resort [リゾート]

♣(しばしば)行く

People resort to the seaside in the summer.
　夏になると人々はしばしば海岸に行く。

♠リゾート(保養地)、リゾート・ホテル

518 ☆respect [レスペクト]

♣尊敬する

We should respect the privacy of others

他人のプライバシーは尊重しなければならない。

♠リスペクト（尊敬）、「ライフタイム・リスペクト」（三木道三のヒット曲）

---

519 ☆respond [リィスパァンドゥ]

♣答える・反応する

respond to a question　質問に答える

♠レスポンス（反応、応答、自動車の操作に対する反応）

---

520 ※rest [レスト]

♣休む、静止する

rest from work　仕事をやめて休息する

The ball rested on the lawn.　ボールが芝生の上で止まった。

♠レストハウス（休憩所）、レストルーム（休憩室）

---

521 ☆restore [リストア]

♣元に戻す・回復させる

restore one's health　健康を回復する

♠レストラン（「元気を回復させるところ」が原義）

---

522 ☆restructure [リーストゥラクチャ]

♣作り直す・再編する

restructure a company　会社を再編する

♠リストラ [リストラクチュアリング]

523 ★retail［リーテイル］

♣小売りする

retail gossip　うわさをふれまわる

♠「ファースト・リテイリング」(著名なファッションブランド、ユニクロの会社名)、リテールバンク(個人や中小企業が取引の中心である銀行)

---

524 ☆retire［リ**タ**イア］

♣引退する、退く

retire from business　実業界から引退する

♠リタイヤー(試合中のやむを得ない事故による試合の棄権)

---

525 ★retract［リトゥ**ラ**ァクト］

♣引っ込める・撤回する

retract one's promise　約束を撤回する

♠リトラクタブルヘッドライト(自動車 格納式前照灯)

---

526 ★retrospect［**レ**トラスペクト］

♣回想する・追想する

He retrospects while walking.　彼は歩きながら振り返る。

♠レトロ［レトロスペクティブ］(ファッション 懐古風の装い)、昭和レトロブーム

---

527 ※return［リ**タ**～ン］

♣帰る、返す《帰り・返却・報酬》

return home　帰宅(国)する

♠リターン(テニスなど 返球)、リターン・マッチ(ボクシングなど)

528 ☆reverse [リヴァ〜ス]

♣逆にする・逆転させる

reverse the tape　テープを裏返す

♠リバーシブル・コート（ファッション　裏返して着られるコート）、オート・リバース（自動反転機構）

---

529 ☆revenge [リベンジ]

♣復讐する

He revenged his dead father.　彼は死んだ父親の敵を討った。

♠リベンジ（復讐）

---

530 ☆revive [リヴァイヴ]

♣生き返らせる・復活させる

revive a memory　記憶を新たにする

♠リバイバル（ソング、映画）

---

531 ★revolve [リヴァルブ]

♣回転する

Seasons revolve.　四季は循環する。

♠「T.M.Revolution」（西川貴教のソロプロジェクト）、リボルバー（回転式拳銃）

---

532 ※ride [ライド]

♣（乗物・馬などに）乗る

ride on a boat　ボートに乗る

♠サーフ・ライディング、「仮面ライダー」（特撮テレビドラマ）

533 ※rise [ライズ]

♣昇る・立ち上がる《上昇》

The sun rise in the east.　太陽は東から昇る。

♠ライジング・ボール（テニス）

534 ☆roast [ロースト]

♣焼く・あぶる

roast a turkey　七面鳥を一羽焼く

♠ロースト・ビーフ、ロースト・チキン

535 ☆rock [ラック]

♣揺り動かす、揺れる

She rocks her baby to sleep.

彼女は赤ん坊を揺すって眠らせる。

The boat rocked gently.　ボートは静かに揺れた。

♠ロック（ロックンロール、ロック＆ロールの略）、ロックバンド、ロッキング・チェアー

536 ※roll [ロウル]

♣回転する、（船・飛行機などが）横揺れする

The ball rolled under the table.

ボールがテーブルの下に転がり込んだ。

The sea rolls.　海が大きくうねる。

♠ロック（ロックンロール　ロック＆ロールの略）、ローリング（船などの横揺れ）

537 ☆rotate [ロウテイト]

♣回転させる

rotate a wheel　車輪を回す

♠ローテイション（バレーボール、野球など）、ロータリー（円形の交差点）

---

538 ☆rub [ラブ]

♣こする・こすり落とす

Rub your glasses with a cloth.　布で眼鏡をふきなさい。

♠ソフト・ラバー（卓球）、ラバー（シューズ、ソール）

---

539 ☆rush [ラッシュ]

♣突進する・突撃する《突進・殺到》

They rushed at the enemy.　彼等は敵に突撃した。

♠ラッシュ・アワー

---

540 ★rust [ラスト]

♣錆びる《錆》

Damp air rusts iron.　湿った空気は鉄を錆びさせる。

♠ラストベルト（米国中西部の衰退した工業地帯）

---

541 ☆sacrifice [サァクリファイス]

♣犠牲にする・いけにえを供える

They sacrificed a sheep to their God.
　彼らは羊を神のいけにえに供えた。

♠サクリファイス・バント（野球 犠牲バント）

542 ☆sail [セイル]

♣帆走する、航行する

sail around an island　島を巡って航行する

♠セーリング、セーラー服

---

543 ☆salvage [サァベージ]

♣救助する・救う

salvage one's reputation　評判を回復する

♠サルベージ(沈没船の引き上げ作業)

---

544 ※save [セイブ]

♣救う、貯える

He saved her from drowning.
　　彼は彼女がおぼれるのを救った。

♠セービング(サッカー)、セーブ・ポイント(野球)

---

545 ☆saw [ソー]

♣のこぎりで引く

saw a log into boards　丸太をひいて板にする

♠ジグ・ソー・パズル、シー・ソー・ゲーム、チェン・ソー(樹木などを切る工具)

---

546 ☆scan [スキャン]

♣詳しく調べる、ざっと見る《走査》

I scan the sports page every morning.
　　私は毎朝スポーツ面にざっと目を通す。

♠スキャナー

547 ☆scoop [スクープ]

♣すくう、出し抜く

scoop water out of a barrel　樽から水をくみ出す

♠スクープ（特ダネ）

548 ☆score [スコー]

♣得点する、（得点などを）記録する（得点・成績）

score 3 points　3点得点する

♠スコア、スコアラー、スコアリング・ポジション（野球）

549 ☆scramble [スクランブル]

♣ごちゃ混ぜにする、奪い合う、急発進する

scramble for sweet　菓子を奪い合う

♠スクランブル（エッグ、交差点）、スクランブル発進

550 ☆scrap [スクラップ]

♣くずにする、くずにして捨てる（破片・廃物）

scrap a plan　計画をほごにする

♠スクラップ（くず）、スクラップ・ブック、スクラップ・アンド・ビルド

551 ☆scratch [スクラッチ]

♣ひっかく、走り書きする

If you'll scratch my back, I'll scratch yours.
　　もちつもたれつ《諺》

♠スクラッチ（くじの一種）、スクラッチ（音楽の演奏、ゴルフのハンディ
など）

552 ☆screw［スク**リュー**］

♣ねじで留める・ねじる

screw a lock to a door　扉にネジで鍵を取り付ける

♠スクリュー（ねじ）、スクリュー・ボール（野球）、スクリュー・ドライバー（工具）

---

553 ★scroll［スクロール］

♣巻く

scroll backward through alphabetic listing
　ABC順のリストを逆に巻き戻す

♠スクロール（パソコン操作）

---

554 ☆search［**サ**～チ］

♣さがす・さぐる《捜索・調査》

I searched the pocket for the key.
　鍵はないかとポケットをさがしてみた。

♠サーチ・ライト（探照灯）

---

555 ☆secure［セ**キュ**ア］

♣安全にする・守る

They secured the village against attack.
　彼らはその村を攻撃から守った。

♠セキュリティ（安全性）、SP［セキュリティ・ポリス］

---

556 ☆seed［ス**ィ**ード］

♣種をまく《種子・子孫》

He seeded his field with corn.
　彼は畑にトウモロコシをまいた。

♠シード校、シード選手

557 ☆select [セレクト]

♣選ぶ・選択する

select a good book　良い本を選ぶ

♠セレクション（選抜、野球部が主体となって行う大学の入学試験の1つ）、セレクト・ショップ（一定の嗜好をもった顧客に合わせて商品を販売している店）

---

558 ※sell [セル]（sold sold）

♣売る

I'll sell you my car for 1,000 dollars.
　千ドルで私の車を売ります。

♠ベストセラー、セールスマン、バーゲン・セール

---

559 ☆separate [セパレイト]

♣分ける・区別する

England is separated from France by the sea.
　英国はフランスと海で隔てられている。

♠セパレーツ（上下別布で作られた婦人服）

---

560 ※serve [サ〜ヴ]

♣仕える、供する

serve a tea　お茶を出す

♠サーブ（テニス、卓球など）、サーバー、サービス業

---

561 ※set [セット]（set set）

♣置く・整える

set a watch by the radio　ラジオで時計を合わせる

♠ゲームセット、セット（舞台装置）、髪のセット、セッター（バレーボール）

562 ※settle［セトル］

♣植民（定住）する、落ち着かせる

He settled himself in the chair.
　彼はいすにどっしり腰をおろした。

♠セツルメント（社会福祉事業団）

---

563 ★sew［ソゥ］

♣縫う・縫い付ける

sew cloth　布を縫う

♠ミシン［ソーイング・マシーン］、カット・ソー（ニット素材の生地を裁断、縫製して作る衣服の総称）

---

564 ☆shake［シェイク］（shook shaken）

♣振る、ゆする

shake hands with　～と握手する

♠シェカー、シェークハンド・グリップ（卓球）、ミルク・セーキ

---

565 ☆shape［シェイプ］

♣形作る《形》

shape clay into a ball　粘土を球にする

♠シェープ・アップ体操

---

566 ☆share［シェア］

♣分かち合う、共有する

I shared a room with her.　私は彼女と部屋を共有した。

♠マーケット・シェア、ワーク・シェアリング

567 ☆shave [シェイブ]

♣ひげを剃る

shave one's eyebrows　眉毛を剃る

♠シェイバー（電気かみそり器）、アフター・シェイブ・ローション

568 ☆shelter [シェルター]

♣保護する、避難する《保護・避難》

He sheltered her from danger.　彼は彼女を危険から守った。

♠核シェルター

569 ☆shield [シールド]

♣防ぐ・保護する

shield a person from danger　人を危険から防ぐ

♠シールド（遮蔽、盾）、シールド工法（トンネルなどの掘削に用いられる工法）

570 ☆shift [シフト]

♣変更する・取り替える

shift the course　進路を変える

♠シフト（変更・交替）、シフト（野球 守備位置の変更）

571 ☆shock [ショック]

♣衝撃を与える《衝撃・震動》

I was shocked to hear the news.

　私はその知らせを聞いて衝撃を受けた。

♠ショック、石油ショック、ショッキング・ピンク

572 ※shoot [シュート] (shot shot)

♣撃つ、放つ

shoot a lion　ライオンを撃つ

♠シュート(サッカー、バスケットボール、野球など)、ショット(ゴルフなど)

---

573 ※shout [シャウト]

♣叫ぶ、大声で話す《叫び・叫び声》

shout for help　助けてと叫ぶ

♠シャウト(叫ぶように歌う唱法)

---

574 ※show [ショウ]

♣見せる《展示会、演劇・TVなどのショー》

Show me some samples.　見本を少し見せて下さい。

♠歌謡ショー、ショー・ビジネス、ショー・ウインドー

---

575 ☆shred [シュレッド]

♣ずたずたに切る

shreded pieces of newspaper　ずたずたに切った新聞紙

♠シュレッダー(文書裁断機)

---

576 ☆shrink [シュリンク] (shrank shrank)

♣縮む・しわになる

shrink in the wash　洗うと縮む

♠シュリンク(萎縮)、シュリンク・フィルム

577 ※shut［シャット］(shut shut)

♣閉める・閉じる

shut one's mouth　口をつぐむ

♠シャッター(建物、カメラ)、シャット・アウト(野球 完封)

578 ☆shuffle［シャフル］

♣かき混ぜる

shuffle the papers together　書類をごちゃ混ぜにする

♠シャッフル(トランプ カードを混ぜて切ること)

579 ☆shuttle［シャトル］

♣往復する

shuttling between Kyoto and Osaka
　京都と大阪の間を往復する

♠スペース・シャトル、シャトル・コック(バドミントン)、シャトル外交

580 ※sign［サイン］

♣合図する、署名する

The coach signed me to hit.　コーチは私に打てと合図した。

sign a letter　手紙に署名する

♠サイン(署名)、サイン(合図 多くは身ぶり、手ぶりなどによる暗号)

581 ★signify［スィグニファイ］

♣表明する、意味する

What does this phrase signify?　この句はどういう意味か。

♠シグナル

582 ★simulate [シミュレイト]

♣ 〜のふりをする、まねる

simulate death　死んだふりをする

♠ シミュレーション、シミュレーター

583 ※sink [スィンク] (sank sunk)

♣ 沈む・沈下する

That boat is sinking.　あのボートは沈んでいく。

♠ シンカー(野球 球種の1つ、沈む球)、シンク(流し台)

584 ※sit [シット] (sat sat)

♣ 座る・座らせる

A bird is sitting on the branch.　鳥が枝にとまっている。

♠ (ベビー)シッター

585 ☆skim [スキム]

♣ 上澄みをすくい取る

skim the cream from milk　牛乳からクリームをすくい取る

♠ スキン・ミルク、スキミング(カード犯罪で多く使われる手口の一つ)

586 ☆slack [スラァック]

♣ ゆるめる、怠る《緩み、緩い》

He is slacking at his work.　彼は仕事を怠けている。

♠ スラックス(服装)

587 ☆slam [スラァム]

♣ピシャリと閉める《ドン・ピシャリ・バタン》

Don't slam the door.　ドアをバタンと閉めるな。

♠グランド・スラム（テニス、ゴルフ、野球など）、「スラムダンク」（日本の
スポーツ漫画）

---

588 ☆slice [スライス]

♣薄切りにする《一切れ・一部分》

Slice the cake in two.　そのケーキを二つに切りなさい。

♠スライス・オニオン、スライス（ゴルフ、テニスなど）

---

589 ☆slide [スライド]（slid slid）

♣滑る・滑る様に入る《一滑り・滑り台・スライド》

slide into bad habits　いつの間にか悪習にそまる

♠スライダー（野球 球種の1つ）、スライディング（野球）、スライド・ドア

---

590 ☆slip [スリップ]

♣すべる・こっそり入る

She slipped and fell.　彼女はすべって転んだ。

♠スリップ（婦人用下着）、スリッパ、タイム・スリップ

---

591 ★slit [スリット]（slit slit）

♣細長く切る

slit wood into strips　木を幾すじかに細長く切る

♠スリット・スカート（服装）

592 ★slug［スラッグ］

♣強打する

slug a home run　ホームランを打つ

♠スラッガー（野球 強打者）

593 ☆slump［スランプ］

♣どしんと落ちる、暴落する

slump down in the hole　穴にどしんと落ちる

♠スランプ（不調・不況・暴落）

594 ☆smash［スマァッシュ］

♣打ち砕く・打ち破る（粉砕・激突）

smash the enemy　敵をやっつける

♠スマッシュ（テニス、卓球）

595 ※smell［スメル］（smelt smelt）

♣においがする

Roses smell sweet.　バラは良い香りがする。

♠「ノンスメル」（脱臭剤、白元）

596 ☆snatch［スナアッチ］

♣ひったくる

He snatched the paperbag from her hand.

彼は彼女の手から紙袋をひったくった。

♠スナッチ（重量挙げ 引き上げ種目）

597 ☆sneak [スニーク]

♣こっそり動く

sneak into a room　部屋にこっそり入る

♠スニーカー

598 ★snipe [スナイプ]

♣シギ猟をする・狙撃する

snipe about someone behind his back　人を陰で攻撃する

♠スナイパー(狙撃兵)

599 ※solve [サルヴ]

♣(問題などを)解く

solve a problem　問題を解く

♠ソルベント(溶剤)、ソリューション(問題解決)

600 ※sound [サウンド]

♣音がする・(〜のように)聞える・思える(音)

That sounds interesting.　面白そうですね。

♠グループサウンド(小編成のロックグループ、和製英語)、サウンド・トラック(映画の音声帯)

601 ★sour [ソワー]

♣酸っぱくなる

Milk easily sours in hot weather.

　　暑い時は 牛乳はすぐ酸っぱくなる。

♠〜サワー(飲料)

602 ☆spare［スペア］

♣節約する《予備の》

Spare the rod, and spoil the child.

かわいい子には旅をさせよ《諺》

I have no time to spare.　私にはひまがありません。

♠スペア・タイヤ、スペア・パーツ（予備部品）

603 ※speak［スピーク］（spoke spoken）

♣言う・話す、演説する

Please speak more slowly.　もっとゆっくり話して下さい。

♠スピーカー（拡声器）、スピーチ（演説）

604 ☆spin［スピン］（spun spun）

♣紡ぐ、回転させる《回転》

spin a top　こまを回す

♠スピン（卓球、テニスなど）、バック・スピン（ゴルフ）

♥spiningは（紡績）

605 ※spirit［スピリット］

♣元気づける《精神・気力》

spirit up a person with whisky

ウイスキーで人を元気づける

♠ファイティング・スピリット、スピリッツ（強い酒）

606 ☆spit［スピット］（spat spat）

♣（つばなどを）吐く

spit blood　血を吐く

♠スピット（ボール）（野球　投手が唾を付けて投げる球で反則球）

607 ☆split［スプリット］

♣裂く・分割する《裂くこと・分裂》

split wood　木を割る

♠スプリット（ボーリング）、スプリット（野球　球種の1つ）

---

608 ☆sponsor［スパンサ］

♣保証する・後援する

The meeting was sponsored by the newspaper.

その会は新聞社の後援であった。

♠スポンサー（保証人・後援者）

---

609 ☆spread［スプレッド］（spred spred）

♣広げる・伸ばす

spread wings　翼を広げる

♠スプレッド（利ざや、広がり）、スプレッド（パンなどに伸ばして塗るもの）、スプレッドイーグル（米国の国章）

---

610 ☆sprinkle［スプリンクル］

♣ふりかける・雨がぱらつく

sprinkle salt on a dish　料理に塩をふりかける

♠スプリンクラー（自動散水装置）

---

611 ☆sprint［スプリント］

♣全力疾走する

Then, on the final turn, he began to sprint.

それから、最終コーナーで彼は全力疾走に入った。

♠スプリンター（短距離走者）、スプリント・レース（短距離でスピードを競うレース）

612 ★spurt [スパ〜ト]

♣噴出する、力走する《噴出・力走》

Blood spurted from the wound.

血が傷口からほとばしり出る。

♠ラスト・スパート

---

613 ☆squash [スクワッシュ]

♣押しつぶす、押し込む

squash too many people into a bus

バスに乗客を詰めこむ

♠スカッシュ（球技の一種）、レモン・スカッシュ

---

614 ☆squeeze [スクィーズ]

♣しぼる・しぼり取る

squeeze juice from lemon　レモンから汁をしぼりだす

♠スクイズ・バント（野球 三塁走者をかえすためのバント）

---

615 ☆stain [ステイン]

♣汚す・シミを付ける《汚れ・シミ》

stain one's clothes with oil　衣服に油のシミを付ける

♠ステンド・ガラス、ステンレス・スチール

---

616 ☆stalk [ストーク]

♣こっそり近づく

The girl's ex-lover stalked her day and night.

元の愛人が昼も夜も彼女を付けまわした。

♠ストーカー

617 ※stand [スタァンド] (stood stood)

- ♣ 立つ・立っている、耐える《〜台・〜立て・売店》

    Horses stand on all fours.　馬は四つ足で立つ。

- ♠ スタンド(席、台、観客席)、電気スタンド、スタンディング・オベイション

- ♥ スタンドの原義は「人の立つところ」(観客席)

618 ※state [ステイト]

- ♣ 述べる・状態を説明する

    state one's opinion　自分の意見を言う

- ♠ ステイトメント(声明)

619 ※stay [ステイ]

- ♣ とどまる・滞在する《滞在》

    stay still　じっとしている

- ♠ ホーム・ステイ

620 ☆steal [スティール] (stole stolen)

- ♣ 盗む・こっそり手に入れる

    I had my watch stolen.　私は時計を盗まれた。

- ♠ スチール(野球 盗塁)、ホーム・スチール、ステルス機(ステルスはスチールの名詞形)

621 ☆stitch [スティッチ]

- ♣ 縫う《一針・一縫い》

    stitch up　縫い合わせる

- ♠ ステッチ(縫い目、装飾のための針目)、クロス・ステッチ(刺繍の一種)

622 ☆stock［ストック］

♣貯蔵する・蓄える

This shop stocks excellent good.

この店には良い品物がある。

♠ストック（在庫品・株式）

---

623 ☆storm［ストーム］

♣嵐が来る・荒れる《嵐》

It is storming.　嵐だ。

♠ストーム（嵐）、ブレーン・ストーミング（発想法の一つ）

---

624 ☆streak［ストリーク］

♣疾走する

Three jets are streaking across the sky.

三機のジェット機が空を凄いスピードで飛んでいる。

♠ストリーキング（パフォーマンスの一種）

---

625 ☆stress［ストレス］

♣強調する、圧迫する

He stressed the value of studying hard.

彼は勉強の重要性を強調した。

♠ストレス（圧迫・緊張）

---

626 ☆stretch［ストレッチ］

♣伸ばす・広げる

stretch the wings　（鳥が）翼を広げる

♠ストレッチ体操、（ホーム）ストレッチ

627 ☆stride [ストライド]

♣大股で歩く

stride along the street　大股で道を歩いていく

♠ストライド(陸上競技 歩幅)

---

628 ※strike [ストライク] (struck struck)

♣打つ・ぶつける《打つこと・ストライキ》

He struck me on the head.　彼は私の頭をなぐった。

♠ストライカー(サッカー)、ストライク(野球)、ストライキ

---

629 ☆string [ストリング]

♣糸を通す・数珠繋ぎにする

string beads　ビーズに糸を通す

♠ストリング(紐、糸)、ストリング・オーケストラ(弦楽器中心のオーケストラ)

---

630 ☆strip [ストリップ]

♣取り去る・裸にする

strip a person of his money　人から金を奪う

♠ストリッパー、ストリップ・ミル(薄板帯鋼の製造装置)

---

631 ※study [スタディ]

♣勉強する・研究する《勉強・研究》

study the map　地図をよく調べる

♠ケース・スタディ

632 ☆substitute [サブスティテュート]

♣代わりをする

substitute margarine for butter
バターの代わりにマーガリンを使う

♠サブ（サブスティチュートの略で補欠）

---

633 ☆succeed [サクスィード]

♣成功する、後を継ぐ

He succeeded as an artist.　彼は画家として成功した。

♠サクセス・ストーリー（成功譚）

---

634 ※suit [スュート]

♣適する、似合う（上下そろいの服一着・服・〜着）

This hat suits you well.　この帽子はあなたによく似合う。

♠スーツ（上下一対の服）、スイートルーム（ホテル）

♥ホテルのスイートルームは「続き部屋」の意

---

635 ☆sum [サム]

♣合計する、要約する（合計）

sum up bills at the store　その店の勘定を合計する

♠ゼロサムゲーム

---

636 ☆supply [サプライ]

♣供給する・補充する（供給・蓄え）

Cows supply us with milk.　雌牛は我々に牛乳を供給する。

♠サプライ・チェーン（供給網）、サプリメント（補助食品）、マネーサプライ（資金供給）

637 ※surprise ［サプライズ］

♣驚かせる・不意打ちする（驚き・不意打ち）

I was surprised at the news.　私はその知らせに驚いた。

♠サプライズ・パーティ、「小泉サプライズ」

---

638 ☆survey ［サーベイ］

♣見渡す、調査する（調査・測量）

survey the scene from the hill　丘からその景色を見渡す

♠サーベイ（調査）、「サーベイヤー」（米宇宙船）

---

639 ☆survive ［サヴァイヴ］

♣生き残る、長生きする

My house survived the earthquake.

　私の家は地震にも無事であった。

♠サバイバル、サバイバルナイフ

♥revive ［リバイブ］は「復活する」の意（P122参照）

---

640 ★suspend ［サスペンド］

♣吊るす、一時中止する

suspend the payment　支払いを一時停止する

♠サスペンデッド・ゲーム（一時停止試合）、サスペンダー（ズボン吊り）、
サスペンション（自動車の車体支持装置）、サスペンス（不安、宙吊り）
映画

---

641 ☆sustain ［サステイン］

♣支える、耐える、持続させる

I must sustain my credit.　信用を持続せねばならぬ。

♠サスティナビリティ（持続可能性）、サスプロ［サステイニング・プログラ
ム］（自主制作番組）

642 ☆sway [ス**ウェ**イ]

♣動揺させる・動かす

A gentle wind sways the grass.　そよ風が草を揺るがす。

♠スウェー(拳闘、ゴルフなど)

---

643 ☆sweat [ス**ウェ**ット]

♣汗をかく《汗》

sweat with fear　恐ろしくて冷や汗をかく

♠セーター(編物の上着の総称)、汗をかかせるものが原義

---

644 ☆sweep [ス**イー**プ]

♣掃除する

sweep the room　部屋を掃除する

♠スイーパー(サッカー)

---

645 ☆swing [ス**ウィ**ング]

♣振る・揺れる《振ること・振動》

swing a bat　バットを振る

♠スイング(球技など)、スイング・ジャズ

---

646 ★sympathize [ス**ィ**ンパサイズ]

♣同情する、共感する

I sympathize with you about the matter.

　そのことで私はあなたに同情します。

♠シンパ [シンパサイザー(支持者)]

647 ※synchronize［スィンクロナイズ］

♣同時に起こる、同時を示す

　Their movements don't synchronize with the melodies.
　彼らの動きはメロディと合っていない。

♠シンクロナイズド・スイミング（音楽に合わせて泳ぎの演技を競う競技、現アーティスティック・スイミング）

---

648 ★synthesize［スィンササイズ］

♣総（統）合する・合成する

　synthesized fertilizer　合成肥料

♠シンセサイザー（楽器）

---

649 ★tackle［タァクル］

♣組みつく・取り組む《道具・タックル》

　tuckle a thief　泥棒に組みつく

♠タックル（ラグビー、レスリングなど）

---

650 ☆tailor［テイラー］

♣（服を）仕立てる

　He tailord me a suit.　彼は私にスーツを仕立ててくれた。

♠テイラー（仕立屋・洋服屋）、テイラード・スーツ

---

651 ※take［テイク］（took taken）

♣取る・連れて行く《取得》

　I took her hand.　私は彼女の手を取った

♠テイク・アウト（持ち帰り）、テイク・バック（ゴルフなど）、テイク・オフ（離陸）

652 ☆tap [タップ]

♣軽くたたく

He taped my shoulder. 彼は私の肩をポンとたたいた。

♠タップ（パソコン操作）、タップ・ダンス、タップ・イン（ゴルフ）

653 ☆taste [テイスト]

♣味がする

What does it taste like? それはどんな味がするのか。

♠テイスト（味、嗜好）

654 ☆tenant [テナント]

♣（土地・家などを）借用する

This house is tenanted by my friend.
　この家は私の友人が借りている。

♠テナント（賃借人、店子）

655 ☆tend [テンド]

♣世話をする、番をする

tend the sick 病人を看護する

♠バーテン［バー・テンダー］

656 ☆terminate [タ～ミネイト]

♣終わらせる・終わる

terminate an argument 論争を終わらせる

The meeting terminated at five. その会合は5時に終わった。

♠バス・ターミナル、ターミナル駅、「ターミネイター」（米映画）

657 ☆terrify [**テ**レファイ]

♣恐れさす

They were terrified at thunder.　彼らは雷におびえた。

♠テロ［テロリズム］、自爆テロ、テロリスト

---

658 ※test [**テ**スト]

♣試験する、試す

test a new engine　新しいエンジンをテストする

♠テスト、アテスト（ゴルフ）

♥アテストは「証明する」の意（P23参照）

　コンテストは「競う、争う」の意（P43参照）

---

659 ※think [**ス**ィンク] (**thought thought**)

♣考える・思う

I think so.　私もそう思う。

♠シンクタンク（頭脳集団）

---

660 ☆thrill [**ス**リル]

♣ぞくぞくさせる

be thrilled with joy　喜びでわくわくする

♠スリラー小説

---

661 ※throw [**ス**ロウ] (**threw thrown**)

♣投げる・投げ倒す《投げること・投球》

throw a bone to the dog　犬に骨を投げてやる

♠スローイング（野球など）、フリースロー（バスケットボール）

662 ※tie［タイ］

♣結ぶ・しばる、同点になる

The game is now tied 3 to 3.

ゲームは今3対3の同点になっている。

♠タイ、ネクタイ、タイ・アップ（同盟）、タイ・ブレーク（テニス）

663 ☆tighten［タイトゥン］

♣堅く締める、堅くする

tighten up rules　規則を厳しくする

♠タイト・スカート、タイト・スクラム（ラグビー）

664 ☆toast［トースト］

♣こんがり焼く、火で暖める

toast oneself　火で体を温める

♠トースト、トースター

665 ☆toss［トース］

♣軽くなげ上げる・ほうる

Please toss me an eraser.　消しゴムをほうって下さい。

♠トス（テニス）、トスバッティング（野球）

666 ※touch［タッチ］

♣触れる、触る

He touched me on the back.　彼は私の背に触った。

♠タッチアウト（野球）

667 ☆tour [**トゥ**ア]

♣旅行する、周遊する、巡業する

The singer toured Hokkaido.　その歌手は北海道を巡業した。

♠ツアーコンサート、ツアー競技、ツーリスト(旅行代理店)

---

668 ☆trace [**トゥレ**イス]

♣跡をたどる、線を描く

trace a thief　どろぼうを追跡する

♠トレーシング・ペーパー(複図紙)、トレース(登山)

---

669 ☆track [**トゥラ**ァック]

♣追跡する

track a bear　(足跡をたどって)熊を追跡する

♠トラック(陸上競技の競走路)、サウンド・トラック(録音帯)

---

670 ※trade [**トゥレ**イド]

♣取引する・貿易する・交換する《取引・商売・貿易》

We trade with a firm in America.

　我々はアメリカの商社と取引がある。

♠トレード(チーム間の選手の交換・移籍)、トレード・マーク(商標)

---

671 ☆trail [**トレ**イル]

♣引きずる

trail one's skirt　すそを引きずって行く

♠トレーラー(動力を持たず、他の車に牽引されて走る車)

672 ☆transform [トゥラァンス**フォーム**]

♣(外形、性質などを)変える

Heat transforms water into steam.

熱は水を水蒸気に変える。

♠トランス [トランスフォーマー] (変圧器)

---

673 ☆transmit [トゥラァンス**ミ**ット]

♣送る・伝える

transmit news by wire　電信でニュースを伝える

♠トランスミッション(自動車の変速装置)

---

674 ☆trap [トゥ**ラァ**ップ]

♣わなで捕える、球をトラップする《わな・計略》

trap a fox　きつねをわなで捕える

♠トラップ(わな)、オフサイド・トラップ(サッカー)

---

675 ※travel [トゥ**ラァ**ヴル]

♣旅行する・進む

Light travels faster than sound.　光は音より速く進む。

♠トラベラーズ・チェック、トラベリング(バスケットボールの反則)

---

676 ☆traverse [トラ**ヴァ**～ス]

♣横切る《横断》

traverse the desert　さばくを横断する

♠トラバース(登山 斜面や岩壁などの横断)

677 ☆treat [トゥリート]

♣取扱う・治療する

be treated for injury　けがの手当てをしてもらう

♠ヘア・トリートメント

---

678 ★trench [トゥレンチ]

♣溝を掘る

trench a field　畑に溝を掘る

♠トレンチ・コート(塹壕用のコートが原義)

---

679 ☆tremble [トゥレンブル]

♣震える

I trembled at the scene.　私はその光景をみて身震いした。

♠トレモロ(音楽の震音)

---

680 ☆trend [トレンド]

♣傾く・向く

The road trends to the north.　その道は北に向いている。

♠トレンド(傾向)、トレンディ・ドラマ

---

681 ☆trim [トゥリム]

♣刈り込む・手入れをする

trim one's nail　つめの手入れをする

♠トリミング(写真)、トリマー(ペットの美容師)

682 ☆**tribute** [トゥリビュート]

♣寄付する・ささげる

contribute a lot of money to a college
　大学に多額の寄付をする

♠トリビュート盤(音楽　功績のある歌手、グループを称賛するために制
　作されたアルバム)

---

683 ☆**trick** [トゥリック]

♣だます

They tricked him into confession.
　彼らは彼をだまして自白させた。

♠トリック(たくらみ・手品)、トリック・プレー(野球)、ハット・トリック(サッ
　カー　♥参照)

♥クリケットにおいて、1つの回の中で3球で3人の打者をアウトにした
　場合、投手に帽子を贈呈して栄誉をたたえた故事にもとづくもので、
　まさしく脱帽の技である

---

684 ※**trouble** [トラァブ〜]

♣困らす・面倒をかける《苦労・困難》

May I trouble you for the salt?　塩を取って頂けますか。

♠トラブル、(エンジン)トラブル

---

685 ※**trust** [トラスト]

♣信用する、委託する《委託・信用》

I will trust the matter to you.　その問題は君に任せよう。

♠トラスト(企業合同)、ナショナル・トラスト(環境保全活動の1つ)

686 ☆tug［**タ**ァグ］

♣強く引く、急にぐいと引く

tug a car out of the mire　ぬかるみから車を引っ張り出す

♠タグ・ボート（引船、曳船）

---

687 ※try［**ト**ゥライ］

♣努力する、試してみる

I tried to solve the problem.　私はその問題を解こうとした。

♠トライ（ラグビー　♥参照）、トライアル（試走、試技またはフィールド競技の予選）

♥昔はトライに得点がなく、ゴールキックへのトライのみが認められたことによるもの

---

688 ☆tumble［**タ**ンブル］

♣転ぶ

He tumbled on a stone.　彼は石につまずいて転んだ。

♠タンブリング（マットの上で行う体操の一種）

---

689 ☆tune［**テ**ューン］

♣調子を合わせる、波長を合わせる・調整する《曲・調べ》

tune a piano　ピアノを調律する

♠チューナー、チューニング、ヒット・チューン

---

690 ※turn［**タ**〜ン］

♣回転させる・向きを変える《回転・変化・順番》

turn a handle　取っ手を回す

♠ターン（水泳）、ターンテーブル

691 tweet [ツイート]

♣ ちゅんちゅんとさえずる

The swallow twitters. 燕がさえずる。

♠ ツイート、ツイッター

---

692 ☆twist [トゥ**ウィ**スト]

♣ ねじる

He twisted the boy's hand. 彼はその少年の手をねじった。

♠ ツイスト(ダンス)

---

693 ☆unite [ユナイト]

♣ 一体化する・団結させる

United we stand, divided we fall.

団結すれば立ち、離れれば倒れる《諺》

♠ ユニット(バス)、USA [ユナイテッド・ステーツ・オブ・アメリカ]

---

694 ※use [**ユー**ズ]

♣ 使う・利用する

use one's head 頭を働かせる

♠ ユーザー、ユーズド・カー(中古車)

---

695 ※value [**ヴァ**リュー]

♣ 評価する・尊重する

I value health above wealth. 私は富より健康を重んじる。

♠ ネームバリュー、MVP [モースト・バリュアブル・プレイヤー]

696 ☆vanish [**ヴァニッシュ**]

♣消える、見えなくなる

All our hopes for success vanished.

成功の望みはすべて消え失せた。

♠バニッシング・クリーム

---

697 ☆vary [**ヴェアリ**]

♣変わる・異なる

The price varies with the seasons.

値段は季節とともに変わる。

♠バラエティ番組

---

698 ☆venture [**ヴェンチャ**]

♣危険にさらす、思い切って〜する《冒険・投機》

Nothing ventured, nothing have.

虎穴に入らずんば虎児を得ず《諺》

♠ベンチャー(ビジネス)、アドベンチャー(冒険)

---

699 ★vibrate [**ヴァイブレイト**]

♣振動する・震動する

My heart vibrated with excitement.

私の胸は興奮で震えた。

♠ビブラフォン、ビブラート、バイブレーション(振動)

---

700 ※view [**ヴュー**]

♣見る・調べる

We went to view the house.　私達はその家を見に行った。

♠ビューアー、プレビュー

701 ☆violate [**ヴァイオレイト**]

♣(規則・約束・法律などを)破る

　violate a rule　規則を破る

♠バイオレーション(スポーツ 反則)、バイオレンス映画

702 ※visit [**ビジット**]

♣訪問する

　visit London　ロンドンを訪問する

♠ビジター(相手の本拠地で試合をするチーム)

703 ★volley [**ヴァリ**]

♣一斉射撃をする《一斉射撃・連発》

　volley at the enemy　敵に一斉射撃を加える

♠バレーボール、ボレー(テニス)

704 ※wait [**ウェイト**]

♣待つ・仕える

　Time and tide wait for no man.　歳月人を待たず《諺》

♠ウエイトレス、ウエーティング(サークル)(野球)

705 ★waive [**ウェイヴ**]

♣(権利などを)放棄する

　waive the age-limit　定年を延長する

♠ウエーバー(プロ野球 選手に対する保有権利の放棄)

706 ※want [**ウァン**トゥ]

♣欲する・望む《必要・不足》

I want his help. 彼の援助が欲しい。

♠「ウオンテッド」(ピンクレディのヒット曲、意味は指名手配)、ウオンツ
(欲求)

707 ☆warn [**ウォーン**]

♣警告する・注意する

The doctor warned me not to eat too much.
　医師は私に食べすぎないよう注意した。

♠ウォーニング(ランプ)(車 警告燈)、アーリー・ウォーニング・システム
(早期警戒システム)

708 ※wash [**ウオ**ッシュ]

♣洗う・洗濯する

wash dishes 皿洗いをする

♠「ウオッシュレット」、ウォッシャー(車)

709 ※waste [**ウェイスト**]

♣消費する・浪費する

Don't waste your time and money.
　時間と金を浪費するな。

♠ウエストボール(野球 捨て球、和製英語)

710 ※wave [**ウェイヴ**]

♣(手などを)振る・波打たせる《波・うねり》

wave one's hand 手を振る

♠ウエイブ、パーマ [パーマネントウエーブ]

● 著者プロフィール

小林一夫

1938年東京生まれ。千葉県習志野市在住。日本学園中学校、開成学園高等学校、東京大学、東京都立大学卒業。大日本インキ化学工業(現DIC)広報部長を経て、川村記念美術館、華服飾専門学校、華ビジネス専門学校、日本スクールシステム機構などに在籍。IIE(目標達成型セルフコーチング)インストラクター。現在、習志野スコーレ企画代表。著書・講演多数。
https://schole-kikaku.com

● 主なる著書

『カタカナ語で覚える重要英単語2000』講談社α文庫／電子書籍にて配信中
『カタカナ語で覚える重要語源200・重要単語1800』
　東京図書出版会／電子書籍にて配信中
『野球ファンのための面白くてタメになる英単語読本』文芸社

得意を活かす英単語帳シリーズ／パレードブックス
『Ⅰ 音楽から学べるらくらく英単語読本』
『Ⅱ スポーツから学べるらくらく英単語読本』
『Ⅲ ファッションから学べるらくらく英単語読本』
『Ⅳ エンタメから学べるらくらく英単語読本』
『Ⅴ サッカーから学べるらくらく英単語読本』
『Ⅵ テニスから学べるらくらく英単語読本』
『Ⅶ ゴルフから学べるらくらく英単語読本』

711 ※wear [ウェア] (wore, worn)

♣着用している、身に付けている、着古す、疲れさせる、すり減る《着用・衣服》

wear glasses　めがねをかけている

Her coat is very much worn.
　彼女の上着はだいぶくたびれている。

The boy wore himself to sleep.
　その男の子は疲れて眠ってしまった。

♠フォーマル・ウエア(正装・礼服)、カジュアル・ウエア、アンダーウェア、ウェアラブル端末

712 ☆weave [ウィーヴ] (wove woven)

♣織る・縫うようにして進む

weave cloth out of thread　糸で布を織る

♠ウィービング(拳闘)

713 ☆wed [ウェド]

♣結婚する・結婚させる

They were wedded in the shrine.
　彼らは神社で結婚式を挙げた。

♠ウエデング(ケーキ、ドレス)

714 ☆weigh [ウェイ]

♣(重さを)計る・よく考える

weigh oneself on the scale　はかりで体重を計る

♠ウエート(拳闘など)

715 ※wet [ウェット]

♣ぬらす(ぬれた・感傷的な)

The rain wetted her to the skin.

　　雨で彼女はずぶぬれになった。

♠ウェットスーツ(保温のために着るゴム製の服)、ウェットティッシュ

716 ☆whip [ホイップ]

♣鞭で打つ・泡立たせる(鞭)

whip a horse　馬を鞭で打つ

♠ホイップド(クリーム)

717 ※win [ウイン] (won won)

♣勝つ・獲得する

win a race　競争に勝つ

♠ウイニングボール(野球 捕った瞬間に勝利を決めた球)、ウイナー(テニス 決め球)、ウイン・ウインの関係

718 ☆wind [ワインド] (wound wound)

♣巻きつく、巻く、うねる(うねり・巻き)

The ivy winds around the tree.

　　つたがその木に巻きついている。

♠ワインド・アップ(野球 投球動作の1つ)、「サイドワインダー」(米軍ミサイル)

719 ☆wipe [ワイプ]

♣ふく・ぬぐう

wipe one's eyes　涙をふく

♠ワイパー(自動車)

720 ☆wrap [ラァップ]

♣包む(包み)

He wrapped himself up in a blanket.

　　彼は毛布にくるまった。

♠ラップ、ラッピング(包装)、「サランラップ」、ラップラウンド(スカート

721 ☆wreck [レック]

♣難破(遭難)させる・こわす(難破・難船)

The ship was wrecked.　船は難破した。

♠レッカー車

722 ☆write [ライト] (wrote written)

♣書く

write a letter　手紙を書く

♠ライター、(ゴースト)ライター

723 ★yell [イェル]

♣大声をあげる・大声で叫ぶ(叫び声・わめき)

He yelled with pain.　彼は苦痛で大声をあげた。

♠エール(応援の叫び声)

得意を活かす英単語帳シリーズ VIII
よく知るカタカナ語をベースに

重要動詞をらくらく覚えるための英単語読本

2024年7月11日　第1刷発行

著　者　小林一夫
　　　　こ ばやしかず お

発行者　太田宏司郎
発行所　株式会社パレード
　　　　大阪本社　〒530-0021　大阪府大阪市北区浮田1-1-8
　　　　　　　　　TEL 06-6485-0766　FAX 06-6485-0767
　　　　東京支社　〒151-0051　東京都渋谷区千駄ヶ谷2-10-7
　　　　　　　　　TEL 03-5413-3285　FAX 03-5413-3286
　　　　https://books.parade.co.jp

発売元　株式会社星雲社（共同出版社・流通責任出版社）
　　　　　　　　　〒112-0005　東京都文京区水道1-3-30
　　　　　　　　　TEL 03-3868-3275　FAX 03-3868-6588

印刷所　創栄図書印刷株式会社